W0055759

Rainer Buttron | Jo Jung | Ulrich Zehfuß
Aiji auf der Suche nach dem Schlafplatz der Sonne

Rainer Buttron | Jo Jung | Ulrich Zehfuß

Aiji, der kleine Samurai

auf der Suche nach dem Schlafplatz der Sonne

Mit Illustrationen von Kaan Karca

Patmos Verlag

Umschlaggestaltung: Finken & Bumiller, Stuttgart
Umschlagabbildung und Illustration: Kaan Karca
Druck: GGP Media GmbH, Pößneck

Hergestellt in Deutschland
ISBN (Print) 978-3-8436-0160-3
IBSN (eBook) 978-3-8436-0274-7

Inhalt

Der Traum

Aiji, der Sohn des Samurai Masanobu, lag eingerollt in eine Wolldecke auf seiner Reisstrohmatte und schlief. Er träumte vom Meer. Die Luft war lau und angenehm. Das Meer, glatt und tiefblau, brandete an den weißen Strand. Die Abendsonne tauchte in die Wellen wie ein Eigelb in den Kuchenteig. Aiji wurde von einer Frau den Strand entlang getragen. Sie hatte braune Augen, duftete nach Jasmin, und weiße Blütensterne steckten in ihrem Haar. Sie sang, und ihre Stimme klang hell und warm wie eine Bambusflöte. Dann hörte er Schreie.

Eben noch war er auf den Armen dieser Frau geschaukelt worden wie auf einer Meereswoge. Nun wurde er durchgeschüttelt, denn sie rannte. Aiji hörte Stimmen, erst weit entfernt und leise, dann immer lauter und näher. Andere Frauen schrien ebenfalls. Und da waren Männerstimmen, kehlige, fremde Stimmen. Die Frau presste Aiji an sich und hetzte über den Strand. Zuerst war ihr Jasminduft noch stärker, dann fielen die Blüten in den Sand, und schwarze Strähnen lösten sich aus ihrem Haarknoten. Sie keuchte. Aiji fühlte, wie ihr Herz hämmerte. Und die fremden Stimmen kamen näher und näher.

Um schneller laufen zu können, nahm die Frau Aiji höher. Über ihre Schulter sah er, was am Strand geschah: Nicht weit hinter ihnen packten Männer in seltsamen Rüstungen die beiden Mädchen, die eben noch um sie gewesen waren, und zerrten sie zu Boden.

Da sah einer der Männer zu Aiji und der Frau herüber, zeigte mit dem ausgestreckten Säbel in ihre Richtung und rannte ihnen hinterher. Der Mann war nicht groß, aber er sah fürchterlich aus. Seine wild funkelnden Augen lugten unter einem runden Helm mit einer Spitze hervor, an der ein Pferdeschweif befestigt war. Unter seinem dünnen, gezwirbelten Bart klaffte sein widerlicher Mund mit fauligen Zahnstümpfen. Und er kam näher und näher.

Aiji schrie auf. Die Frau warf ihren Kopf herum, ihre Augen weiteten sich vor Entsetzen. Dann presste sie Aiji noch fester an sich und lief noch schneller die Böschung hinauf. Wie ein Hase bog sie plötzlich hinter einem Busch auf einen kaum sichtbaren Trampelpfad ab, der in ein dichtes Wäldchen führte. Aiji hörte die wütende Stimme des Kriegers, doch sie war leiser geworden. Die Frau rannte weiter und redete dabei auf Aiji ein. Er verstand nicht, was sie sagte. Aber sie weinte und küsste ihn im Laufen auf seine Wange. Heiß fühlte er ihre Tränen auf seinem Gesicht. Dann, mit einem Ruck, blieb sie stehen.

Vor Aiji tauchte ihr Gesicht auf, ihre braunen Augen waren voller Kummer. Zärtlich küsste sie seine Stirn und Wangen und drückte ihn noch einmal so fest an sich, dass er für einen Augenblick keine Luft mehr bekam. Dann schluchzte sie auf, zog die Decke fester um ihn und legte ihn unter die Zweige eines Busches. Sie stand auf und flüsterte ihm etwas zu. Jetzt hörte er die Stimme des Kriegers wieder. Der hatte den Trampelpfad gefunden und kam mit wütendem Gebrüll näher. Die Frau ließ Aiji unter dem Busch zurück und lief in die entgegengesetzte Richtung, weg von der Stimme des Mannes.

Dann hörte Aiji erst einmal nichts mehr. Doch gleich darauf drang das grimmige Lachen des Kriegers durchs Unterholz und Aiji vernahm einen Schrei. Es war die Stimme der Frau.

Aiji war allein.

Simran

Mama! Mamaaaa!« Aiji erwachte. Die Wolldecke lag neben ihm und die Reisstrohmatte war kalt. Eine große Hand zog ihn sanft zu sich heran und eine tiefe Stimme murmelte: »Aiji, mein kleiner Aiji, hast du wieder geträumt?«

»Sie haben sie geraubt!« Schluchzend drückte Aiji sein Gesicht an den Kimono seines Vaters. Ein Zucken durchlief das Gesicht von Masanobu, dem alten Samurai. Er nickte: »Ja, das haben sie.«

»War sie denn wirklich so wunderschön wie in deinem Medaillon, Vater?«

»Tausendmal schöner. Behalte die Erinnerung an sie in deinem Herzen, aber verbanne den Schrecken. Und jetzt schlaf – du weißt, was heute für ein Tag ist!«

»Ja, Vater, ich weiß, aber …« Aiji ließ nicht locker. Er war wach, er hatte das Bild seiner Mutter vor Augen. Und er wollte nicht allein sein. »Bitte, Vater«, sagte er und schlang dabei die Arme um dessen Bauch, »erzähle mir noch einmal, wie du sie kennengelernt hast. Und wo wir gewohnt haben. Und erzähle mir …«

»Gut, gut, also noch einmal, du Quälgeist«, seufzte Masanobu, setzte sich auf die Reisstrohmatte und nahm Aijis Kopf sanft in seinen Schoß. »Ich war damals Botschafter am Hof von Ghiyas ud din Balban, dem Sultan von Delhi, in Indien. Dort lernte ich sie kennen: Simran, deine Mutter. Als ich ein Gespräch mit dem Sultan auf einem Balkon seines Palastes hatte, brachte sie den Tee. Das war ungewöhnlich, denn sie war die siebte Tochter des Sultans und damit eine echte Prinzessin. Sie sollte nicht arbeiten. Aber der Sultan hatte sich bereits damit abgefunden, dass sie einfach machte, was sie für richtig hielt. Mit einer tiefen Verbeugung reichte sie zuerst mir, dem Gast, den Tee. Dabei sah sie mir in die Augen, mein Sohn, und ich, bis dahin ein freier, stolzer Samurai, war besiegt. Zum erstenMal besiegt. Sie war so wunderschön, dass ich vergaß, mich zu bedanken. Ich saß einfach da und starrte sie an. Und sie blickte mir so offen und so voller Liebe in die Augen, als würden wir uns seit Anbeginn der Zeiten kennen.

Dann reichte sie ihrem Vater, dem Sultan, den Tee und verschwand vom Balkon wie ein Sommerwind. Der Sultan klopfte mir lachend auf die Schulter. ›Trinken Sie Ihren Tee, werter Masanobu, solange er heiß ist‹, sagte er. Und das habe ich getan.

Wenige Tage später hielt ich um ihre Hand an. Durch meine Verdienste am Kaiserhof konnte ich ihr ein Leben bieten, das einer Prinzessin angemessen war. Der Sultan willigte ein. Waren wir doch auch Verbündete im Kampf gegen die Mongolen. Außerdem stammen die Sultane von Delhi von einem Sklaven ab, so wie die Vorfahren unserer Familie, die Seikan, einfache Bauern waren. Das hat er wie auch ich nie vergessen. Simran reiste mit mir zurück nach Japan. Wir ließen uns hier in diesem Haus nieder, wo du geboren wurdest, Aiji. Und damit machte sie mich zum glücklichsten Mann der Welt.«

Masanobu schwieg eine Weile und streichelte versonnen Aijis Kopf. Dann verfinsterte sich sein Blick. Und mit leiser, brüchiger Stimme fuhr er fort: »Doch unser Glück dauerte nur kurz, Aiji, so kurz wie die Kirschen blühen. Sie öffnen ihre Blüten und zeigen uns die Herrlichkeit des Himmels. Aber kaum erfreuen wir uns an ihnen, welken sie und zerfallen zu Staub. Und wir, die wir die Herrlichkeit des Himmels gesehen haben, bleiben zurück mit dem Schmerz und der Sehnsucht und warten auf ihre Wiederkehr.«

Masanobu seufzte tief. »Es war Hochsommer. Du warst etwa ein Jahr alt. Ich war oft fort, denn der Kriegsrat, dem ich damals angehörte, tagte in Kamakura. Kaufleute, die mit ihren Waren aus China zurückkehrten, berichteten uns beunruhigende Dinge. Kublai Kahn, der Herrscher der Mongolen und Kaiser von China, ließ Schiffe ausrüsten und jeden Halunken anheuern, der im Hafen zu kriegen war.

Er wollte uns vom Meer aus angreifen. Simran beschloss trotz der Gefahr, mit dir und den beiden Zofen an die Westküste zu fahren, wo sie sich im Haus deines Onkels Kiyoshi einquartierte. Natürlich war ich gegen diese Reise, denn ich konnte sie ja nicht begleiten. Sie sagte mir, die Tochter eines Sultans kenne keine Furcht. Ich werde mir nie verzeihen, sie nicht zum Bleiben überredet zu haben, obwohl ich genau fühlte, dass es ein Fehler war.

Nach wenigen Tagen erreichten den Kriegsrat Berichte, dass tatsächlich mongolische Piraten an der Küste von San'indô gelandet waren, ganz in der Nähe von dort, wo sich Simran aufhielt. Sofort wurden die Samurai der Region in Alarmbereitschaft versetzt, und ich machte mich eilig auf den Weg, um euch in Sicherheit zu bringen. Doch ich kam zu spät. Nur wenige Augenblicke, nur so lange, wie ein Kirschblütenblatt braucht, um zu Boden zu schweben – aber das reichte. Und so wurde dies der Tag, an dem das Schwert des Schicksals mein Leben mit einem gewaltigen Hieb in zwei Teile teilte. Danach war ich nicht mehr derselbe.«

Aiji schaute seinen Vater mit großen Augen an. Der fuhr fort: »Ich stürmte mit meinen Kämpfern zum Strand, wo sich die wenigen Wachen verzweifelt gegen die Übermacht der Piraten wehrten. Die meisten der Tapferen lagen bereits blutend im Sand. Sie waren weder gut ausgebildet noch ausgerüstet und hatten einfach keine Chance. Als wir eingriffen, wendete sich zwar das Blatt, denn unsere Pfeile fanden ihre Ziele und unter unseren Klingen zerbarsten die kleinen Schilde der Mongolen. Ich selbst bahnte mir mit fürchterlichen Hieben den Weg zum Meer. Aber als ich in der Brandung stand, sah ich deine Mutter gefesselt in einem Boot. Mongolische Piraten ruderten eilig zu ihrer Dschunke. Sie entfernten sich schnell, und mit ihnen deine Mutter, Simran. Ich schrie ihren Namen über das Getöse der Schlacht und das Brüllen der Wellen. Auch sie rief mir etwas zu. Zuerst verstand ich es nicht, aber dann hob sie ihre gefesselten Hände und tat so, als wiege sie etwas im Arm. Sie nickte heftig in Richtung der Küste hinter mir. Ich wandte mich um und bemerkte ein dichtes Wäldchen. Da verstand ich. Sie wollte mir sagen, wo du bist. Sie hatte dich in Sicherheit gebracht, Aiji.«

Der Pfeil

»Im nächsten Augenblick durchfuhr mich ein glühender Schmerz«, erzählte Masanobu weiter. »Tief in meinen Oberschenkel war ein Mongolenpfeil eingedrungen. Ich stürzte so unglücklich in die schäumende Gischt, dass der Pfeil abbrach und sich die Spitze mit ihren Widerhaken noch tiefer in mein Bein bohrte. Der Schmerz drohte mich zu übermannen. Als ich mich mit Mühe im kniehohen Wasser wieder aufrichtete und aufs Meer sah, war deine Mutter verschwunden. Die Dschunke setzte gerade die Segel und nahm Kurs auf das offene Meer. Simran, meine arme Simran. Sie war fort, geraubt.

Doch du warst da, irgendwo. Auf mein Schwert gestützt, humpelte ich so schnell ich konnte zu dem Wäldchen. Dein Schreien wies mir den Weg, und so fand ich dich, eingewickelt in diese bestickte Decke hier. Du warst am Leben und in Sicherheit, Aiji. Das war mein einziger Trost. Ich dankte den Göttern dafür. Doch gleichzeitig verfluchte ich sie, denn sie hatten zugelassen, dass mir meine Frau genommen wurde. Ich habe deine Mutter verloren. Und der Schmerz darüber sitzt tiefer in meinem Herzen als die Pfeilspitze in meinem Schenkel.«

Aiji blickte seinen Vater nachdenklich an. »Warum hat sie Onkel Kiyoshi damals nicht einfach herausgezogen? Er ist doch Heiler.«

Masanobu lächelte seinen Sohn an: »Und wie du weißt auch Priester. Aber selbst wenn man einen zerbrochenen Krug wieder zusammenfügt, er wird nicht mehr derselbe sein.«

»Wie meinst du das?«, fragte Aiji.

»Nun, nachdem ich dich wiedergefunden hatte, schaffte ich es mit dir noch zurück zum Strand, wo ich dann ohnmächtig zusammenbrach. Meine Männer schnitten Bambusstangen und bauten daraus eine Trage, mit der sie dich und mich in Kiyoshis Haus brachten. Es lag nur etwa fünf Pfeilschüsse vom Meer entfernt. Kiyoshi flößte mir Heiltees ein, beschwor unsere Ahnen, mir beizustehen. Er befahl den bösen Geistern, die ein Wundfieber ausgelöst hatten, meinen Körper zu verlassen. Er verbrannte duftende Kräuter, murmelte und sang die uralten Lieder. Seine Haushälterin kümmerte sich um dich, während mein Bruder mit dem Tod um mein Leben rang. Natürlich versuchte er sofort, diese grässliche Pfeilspitze aus meinem Bein zu ziehen. Doch die dünnen Widerhaken waren so heimtückisch gefertigt, dass sie sich auseinanderbogen, wenn man versuchte, sie zu entfernen, und das Bein innerlich zerfetzten. Kiyoshi fürchtete auch, wenn er den Pfeil im Ganzen aus meinem Bein schneidet, würde die Wunde zu groß und ich könnte verbluten. So tat er alles, um eine Entzündung zu verhindern.

Nach sieben Tagen gelang es ihm endlich, mein Fieber zu senken und ich schlief drei Tage lang ruhig weiter. Ein Vierteljahr blieben wir bei Kiyoshi. Als wir endlich wieder zu Hause waren, du und ich, bat ich Shogun Koreyasu, mich aus seinen und den kaiserlichen Diensten zu entlassen. Meine Verletzung machte mich ja für den Kampf untauglich. Diese Bitte wurde mir gewährt. Zu unserem Glück, Aiji, denn du bist alles, was mir von meiner geliebten Simran …« Masanobu stockte. Aiji war eingeschlafen. Der alte Samurai lächelte, schalt sich einen gefühlsduseligen Schwätzer und wickelte seinen Sohn sanft in seine Decke. Der erste fahle Schimmer des aufziehenden Tages durchbrach die Mauer der Nacht. Masanobu erhob sich leise und verließ Aiji, um selbst schlafen zu gehen.

Nachdem er die Schiebetür seines Zimmers hinter sich zugezogen hatte, blieb er vor seiner alten Rüstung aus lackierten Metallplatten stehen. Über ihr thronten der gehörnte Helm und die geschmiedete Dämonenmaske. Ja, als stolzer Samurai war er aus Kyoto ausgeritten. Als gebrochener Mann war er zurückgekehrt. Ohne Aiji wäre er den Piraten gefolgt, verkleidet als Händler oder Mönch, um Simran zu suchen. Doch er wusste, dass sie ihm nie verzeihen würde, wenn er den kleinen Aiji im Stich gelassen hätte. Wählen zu müssen zwischen der Gewissheit, sein Kind zu verraten, und der Hoffnung, seine Liebe wiederzufinden, das umfasste sein Herz wie eine kalte Hand und drohte ihn noch mehr zu vergiften als die Mongolenspitze in seinem Bein.

Was Masanobu aufrecht hielt, war Bushido, die uralten Verhaltensregeln der Samurai. Sie sagten, wie ein Krieger seinen Lebensweg zu gehen hatte: Alles, was ihm an Gutem wie Schlechtem begegnete, sollte er als Lehre begreifen, die ihn weiser macht. Da er seine Rüstung nicht mehr tragen konnte, hatte er den Rücken des Pferdes gegen den Schemel des Lehrers getauscht. Und er widmete sich seiner Aufgabe, Aiji zu erziehen, mit der gleichen Disziplin und Hingabe, mit der er als Krieger den Schwertkampf und das Bogenschießen geübt hatte. Denn: einmal Samurai, immer Samurai.

Aiji und Shunsho

Das fahle Licht der Morgensonne zwängte sich durch die Ritzen der Fensterläden und fiel auf ein Pergament an der weiß gekalkten Wand. Darauf stand in großen Schriftzeichen ein Gedicht, ein Haiku:

Manchen Krieger sah ich fallen.
Doch was mich berührt?
Die Amsel auf dem Kirschzweig.

Auf seiner Matte in der Ecke des Raumes lag Aiji, eingerollt in seine warme Decke. Aus seinem Mund traten kleine Wölkchen von gefrorenem Atem. Der Frühling zeigte sich am Tag zwar schon mit Macht, aber nachts bildete sich bis zum frühen Morgen in den hölzernen Regenfässern noch eine dünne Eisschicht auf dem Wasser.

Über die gepflasterte Straße holperten Karren. Händler schafften ihre Waren zum Markt. Von fern hörte man das rhythmische Klirren und Stampfen eines Trupps Soldaten, der die Hunde aufschreckte. Aiji öffnete die Augen, schlug die Decke zurück und stand mit einem Ruck senkrecht auf seiner Reisstrohmatte. So lange hatte er auf diesen großen Tag gewartet, und heute war es endlich soweit. Der 15. Tag des März, des Yayoi, wie der dritte Monat des Jahres auf Japanisch heißt: sein zehnter Geburtstag. Heute würde sein Vater sein Versprechen einlösen.

Mit einem Jubelschrei schlüpfte Aiji in seinen grünen Kimono, auf den ein roter Drache gestickt war, streifte seine blaue Winterjacke darüber, steckte das Bokuto, sein Holzschwert, in die Schlaufe seines Gürtels und stürmte auf die Straße, wo er fast mit Kitaro, dem Wasserträger zusammenstieß. »Nicht so hastig, Meister Aiji«, rief er dem Jungen hinterher. Doch Aiji hörte es schon nicht mehr, so schnell rannte er zu seinem Freund Shunsho, der mit seinen Eltern in einem bescheidenen Holzhaus lebte. Shunshos

Vater war ein einfacher Schreiber im Dienst eines kaiserlichen Beamten.

Aiji sprang mit einem Satz die Treppe hinauf auf die Holzveranda, streifte seine Schuhe ab und klopfte ungeduldig an die hölzerne Tür: »Shunsho! Shunsho!«

Als der endlich die Papiertür aufschob, fiel ihm Aiji um den Hals und rief triumphierend: »Heute lernen wir reiten! Shunsho! Auf einem richtigen Pferd!«

Shunsho riss jubelnd die Arme in die Höhe, stieß seinen Freund mit einer schnellen Drehung beiseite und rannte los. »Wer schneller bei den Pferden ist!« Aiji verfolgte ihn mit Siegesgeheul. Doch plötzlich stoppte Shunsho mitten im Lauf, fing seinen Freund ab, indem er ihn am Gürtel schnappte, und legte ihm drohend einen Bambusstecken an den Hals. Ganz nah schob er sein grimmiges Gesicht vor das Aijis, der zwar den Mund geöffnet hatte, aus dem aber kein Laut kam. Grinsend meinte er dann: »Bevor ich's vergesse, du lahmes Hängebauschwein: herzlichen Glückwunsch zum Geburtstag!«

Dann flitzten sie flink wie die Wiesel weiter zur Koppel, wo Masanobu sie bereits wartete. Keuchend kamen sie vor dem Samurai zum Stehen. In der Morgenkälte dampften ihre Köpfe, ihre Wangen glühten. Dann verneigten sie sich vor Masanobu und sagten: »Wir sind bereit.« Der alte Samurai lächelte, nickte und meinte: »Dann kann's ja losgehen. Und noch etwas: Zur Feier des Tages fällt heute der Unterricht aus. Holt den Sattel.«

Endloser Unterricht

Vom nächsten Tag an rannten Aiji und Shunsho, sobald der Unterricht beendet war, zur Koppel, die nicht weit entfernt vom Stadttor lag. Masanobu selbst kam meist kurze Zeit später. Er war nicht mehr so schnell zu Fuß. Am Anfang ließ der alte Samurai seinen Sohn und dessen Freund das Pferd am Zügel im Kreis führen, damit es sich an die Jungen gewöhnte. Nach ein paar Tagen durfte dann jeder für eine Weile in den Sattel, aber immer noch an einer langen Leine.

Als Aiji und Shunsho sich sicherer fühlten, ritten sie abwechselnd allein auf der Koppel im Kreis. Der alte Samurai stand in der Mitte. Er rief ihnen zu, was zu tun war, und passte auf, dass das Pferdchen nicht ausbüchste. Nach zwei Wochen hielten Aiji und Shunsho sich schon so gut im Sattel, dass der Alte sein Versprechen wahrmachen konnte: Heute Abend würden sie gemeinsam über die Felder vor der Stadt reiten, den Fluss überqueren und den Wald dahinter durchstreifen.

Wie sehr fieberten die beiden Freunde dem Ausritt entgegen! Doch am Morgen kam zunächst wie immer: Unterricht! Über die Kami, die Götter. Über die Welt der Ahnen und ihre Bedeutung. Über Buddhas Lehren und, und, und … Dann gab es Sprachunterricht. Niemand sonst lernte irgendwelche anderen Sprachen als Japanisch, aber sie mussten Chinesisch und die Sprache der Inder lernen, weil Shunshos Mutter Chinesin und Aijis Mutter Inderin war. Wie sich so ein Tag doch dehnen konnte! Der Blick der Freunde glitt immer wieder sehnsüchtig aus dem Zimmer, doch Masanobu weckte sie unsanft aus ihren Tagträumen. »Der Weg der Vollkommenheit beginnt damit, dass ihr euch immer auf das konzentriert, was ihr gerade tut. Denkt nur an das eine. Verbannt alle anderen Gedanken aus euren Kokosnüssen von Köpfen. Nur dann wird es gelingen!«

Die Jungen nickten schnell. Sie hatten Masanobu aus Versehen auf sein Lieblingsthema gebracht und wussten nur zu genau, was jetzt kommen würde.

»Ungeduld beherrscht eure Gedanken«, sagte Masanobu. »Sie hindert euch daran, euren Geist frei zu benutzen. Der Geist ist aber der Arm, der euer Schwert führt. Nur ist das mächtigste Schwert nutzlos, wenn der Geist nicht klar und frei ist. Das ist die Lehre Buddhas für den Samurai. Befreit euren Geist von allem Leiden. Übrigens: Welche Leiden außer der Ungeduld gibt es noch? Aiji?«

»Schmerzen!«, sagte Aiji.

»Ja, Schmerzen! Sehr gut. Und was noch, Shunsho?«

Aijis Freund druckste herum, starrte zu Boden und murmelte schließlich: »Die Liebe.«

Masanobu sah ihn einen Moment lang groß an. »Ja, das stimmt, Shunsho. Die Liebe nimmt den Geist oft schmerzlich in Besitz.« Seine Augen blieben auf den Sohn des Schreibers geheftet. Der errötete, als er es bemerkte, und schob schnell nach: »Ich meine ja nur. Das ist mir gerade so eingefallen.«

Aiji knuffte ihn in die Seite. »Shunsho ist verliebt!« »Aiji«, rief ihn sein Vater streng zur Ordnung, »verliere nie den Respekt vor einem anderen Lebewesen und seinen Gefühlen.« Masanobu dachte nach. »Euer Geist ist abgelenkt von der Frage, in wen unser Shunsho denn verliebt ist.«

»In …« Doch noch ehe Aiji den Namen der Angebeteten seines Freundes herausposaunen konnte, brachte ihn ein Blick seines Vaters zum Schweigen.

»Wir werden jetzt die Meditation der Klangschale machen.« Masanobu stellte eine Metallschale auf den niedrigen Tisch vor sich, griff nach einem kleinen Stab und schlug an den Rand des zierlichen Gefäßes. Ein hoher, reiner Ton stand im Raum, hell wie Sonnenstrahlen.

Mit der anderen Hand berührte er die Schale wieder und brachte sie zum Schweigen. »Dies ist ein schöner Ton, so schön wie die Liebe sein kann. Ich möchte, dass ihr nun meditiert und den Ton, der den Raum füllt, aus eurem Geist verbannt, sodass euer Geist ruhig und glatt wie ein See ist. Schließt die Augen und setzt euch ordentlich hin.« Die beiden Freunde rappelten sich auf und setzten sich mit geradem Rücken und überkreuzten Beinen in den Lotossitz. Dann schlossen sie die Augen. Masanobu schlug das Gefäß erneut an. Der Ton durchflutete den Raum.

In Aijis Kopf war er zuerst durchsichtig silbrig, dann wurde er golden, während er langsam verklang. Und wieder erscholl er. Aiji schoss es durch den Kopf, dass er es wohl niemals schaffen würde, an etwas anderes als diesen Ton zu denken. Vielleicht, dachte er, hilft es ja, wenn man die Augen zusammenpresst. »Nicht kämpfen,

Aiji. Du gibst dem Klang zu viel Macht. Sammle dich«, hörte er seinen Vater sagen. Seine Gedanken suchten ein ruhiges Bild. Eine Wiese voller Blumen? Zu viele Bienen und Schmetterlinge! Ein farbenprächtiger Marktplatz? Zu umtriebig! Dann versuchte er sich vorzustellen, er wäre das Wasser eines Sees und sein Gesicht entspannte sich. »So ist es gut«, sagte Masanobu, »in eurem Kopf ist jetzt nur noch Platz für …«»Asuka«, flüsterte Shunsho mit geschlossenen Augen. Aiji riss die Augen auf, brüllte »Asuka!« und warf sich mit einem Lachen auf seinen Freund, der aus seinen Träumen aufgeschreckt war. »Asuka! Shunsho liebt Asuka!«

Masanobu verdrehte die Augen und seufzte: »Nun, der Weg zur Erleuchtung ist weit … lasst uns zu etwas Praktischem kommen!«

»Reiten«, riefen beide Freunde im Chor.

»Rechnen«, stellte ihr Lehrer fest. Shunsho und Aiji sanken stöhnend in sich zusammen.

Endlich, als die Sonne sich lange nach Mittag schon wieder zu senken begann, war der Unterricht zu Ende. Doch bis zum Ausritt würde es immer noch zwei Stunden dauern, denn Masanobu zog sich jetzt zurück, um in seinem Zimmer mit Blick auf den Garten zu meditieren.

Der große Ausritt

Außer Atem und mit brennenden Lungen erreichten Aiji und Shunsho gegen Abend die Koppel. Sie hatten in der Zwischenzeit mit ihren Freunden gespielt und beinah die Zeit vergessen. Ein kleines schwarzes Pferd erwartete sie schon. Daneben stand Masanobus nicht viel größerer Apfelschimmel. Und dann noch ein Brauner, der die anderen um einen halben Kopf überragte. Aijis Vater hatte diesen und den Rappen von einem Bekannten geliehen, damit sie alle drei zusammen ausreiten konnten. »Ich wollte schon alleine los! Dann mal rauf mit euch!«, sagte Masanobu.

Er half Shunsho und Aiji auf die kleineren Pferde und bestieg zuletzt den großen Braunen, wobei er vor Schmerz die Lippen zusammenpresste, ohne dass die Jungen es sehen konnten. Dann sagte er: »Solange wir in der Stadt sind, reitet ihr schön hinter mir.« Die beiden Jungen nickten, und los ging es.

Wie stolz sie waren! Aiji versuchte, möglichst aufrecht auf dem Schimmel zu sitzen. Jedes Mal, wenn er in den Straßen das Klappern und Stampfen der Hufe gehört hatte, waren sie dem Geräusch nachgelaufen und hatten zusammen mit ihren Freunden die Reiter bestaunt. Und jetzt waren sie selbst welche! Am Ende der Straße standen Fazon und ein paar andere Jungs aus ihrer Bande und glotzten mit offenen Mündern. Sie fuchtelten mit den Armen und schrien begeistert: »Shunsho! Aiji!« Masanobus Sohn fühlte sich wie ein richtiger Samurai. Und sein Freund winkte allen so würdevoll zu wie der Kaiser.

Als sie an Kitaro, dem Wasserträger, vorbeikamen, stellte der seine Wassereimer ab, riss die Arme auseinander und rief mit hoher Fistelstimme: »O, die jungen Herren, hoch zu Ross! Nicht runterfallen! Ich wünsche schönen Ausritt.« Dann verbeugte er sich so tief, dass er mit der Nase fast an seine Knie stieß.

Die letzten Häuser der Stadt kamen in Sicht. Dann passierten sie das Stadttor. Masanobu nickte den Wachen zu und Aiji und Shunsho salutierten zackig von ihren Pferden herab. Die Wachen lachten und salutierten zurück. Vor der Stadt öffnete sich die Landschaft mit weiten Feldern, dem Fluss, der sich in einiger Entfernung schlängelte, und den waldigen Hügeln jenseits seiner Ufer. Die Pferde fielen in einen Trab. Alles schien so leicht. Nur das Wetter spielte nicht mit. Den ganzen Tag war der Himmel strahlend blau gewesen, doch jetzt zogen schwarze Regenwolken auf.

Masanobu spähte mit prüfendem Blick zum Horizont und grummelte etwas in seinen Bart, der von weißen Haaren durchzogen war. Aiji und Shunsho bemerkten den Wetterumschwung gar nicht, so begeistert waren sie. Wie leicht man doch zu Pferd vorankam! Hoch zu Ross konnte man den Blick schweifen lassen und sah tausend Dinge, die man sonst nie bemerkt hätte.

Die Bauern hatten ihr Tagewerk beendet und schlurften mit hängenden Schultern und beladen mit ihren Werkzeugen zurück in ihre Höfe und Hütten, als die drei Reiter den Fluss erreichten.

»Vielleicht sollten wir umkehren, es ist schon spät, und es wird wohl auch bald regnen«, gab Masanobu zu bedenken. Aiji und Shunsho protestierten heftig: »Du hast es uns versprochen!« Seufzend lenkte Masanobu ein, und sie ritten am Fluss entlang, bis sie eine Furt fanden, durch die ein kleines Pferd leicht reiten konnte. Aiji und Shunsho bekamen trotzdem nasse Füße, doch das störte sie nicht. Da fielen die ersten schweren Tropfen.

»Im Wald werden wir Schutz vor dem Regen haben«, meinte Masanobu und lenkte sein Pferd auf einen Saumpfad, über dem die Äste der Bäume ein Dach bildeten. Ein Reh trat nicht sehr weit voraus auf den Weg. »Schau! Da vorn!«, zischte Aiji Shunsho zu, und ehe Masanobu eingreifen konnte, drückten beide ihren Pferdchen die Füße in die Seiten und galoppierten los. Sie standen in ihren Steigbügeln und duckten sich hinter die Hälse ihrer Tiere, während Masanobus Stimme im Getrampel der Hufe unterging. Sie waren noch nicht einmal so dicht heran, dass ein geübter Bogenschütze das Reh hätte treffen können, da war es auch schon mit zwei, drei flinken Sprüngen im dichten Unterholz verschwunden. Und jetzt schüttete es in Strömen. Aber das war ihnen egal. Aiji und Shunsho ließen ihr Siegesgeheul hören und ballten ihre Fäuste in der Luft.

Als sie ihre Pferde zügelten und langsam zum Stehen kamen, trabte Masanobus Brauner heran. Die Jungen erschraken: Der Sattel war leer! Shunsho schnappte sich die Zügel des Pferdes und sie stoben zurück. Wenige Schritte vor der Stelle, an der sie losgeritten waren und Masanobu zurückgelassen hatten, sahen sie ihn zur Seite gedreht am Wegrand liegen. Er rührte sich nicht. »Vater!« Aiji sprang vom Pferd und kniete sich neben den alten Samurai. »Was ist mit dir? Wir wollten doch nicht … Es tut mir so leid, dass wir nicht auf dich …«

»Aiji, sorge dich nicht, und wirklich – es ist nicht deine Schuld, dass ich gestürzt bin«, flüsterte Masanobu. Die Stimme seines Vaters klang plötzlich so schwach und fremd, dass Aiji noch mehr Angst bekam. So gut es ging, zog er schützend seinen Umhang über sie beide und rief: »Shunsho, reite los und hole Hilfe, so schnell du kannst.«

Der schwang sich in den Sattel und galoppierte schon davon.

Aiji nahm den Kopf seines Vaters in seinen Schoß: »Wo hast du dich verletzt, Vater?«

»Ich bin nicht verletzt, Aiji«, antwortete dieser, »doch ich habe ein wenig Schmerzen.«

Aiji spähte sehnsüchtig in die Richtung, aus der Shunsho mit einem Arzt oder irgendeiner Hilfe wiederkommen musste.

Der alte Samurai bemühte sich seinen Sohn abzulenken: »Was weißt du von deiner Mutter, mein Sohn? Sprich von deiner Mutter, erzähl mir von Simran.«

Wenn Aiji auch nicht verstand, warum Masanobu das jetzt hören wollte, gehorchte er und erzählte, was er von ihr noch wusste, nämlich, dass sie aus dem fernen Indien stamme und mit seinem Vater nach Japan gekommen war. Zwar habe sie eine große und gerade Nase gehabt, wie die meisten Inder, weshalb auch Aiji eine ziemlich große Nase hatte. Aber sie sei eine wunderschöne Frau gewesen – trotz der Nase. Und dann sprach er ein paar Worte in altindischem Sanskrit. Masanobu lächelte und schloss die Augen. Mit zitternden Fingern streichelte der Sohn seinem Vater über die Wangen.

Ein Poltern holte beide in die Gegenwart zurück. Shunsho war wieder da, begleitet von einem Bauern mit einem mächtigen Ochsen an der Deichsel seines einachsigen Karrens. Als sie endlich am Haus Masanobus angelangt waren, war es bereits dunkel. Shuhsho war vorausgeritten und hatte Ando Razan, den Arzt des Viertels, alarmiert. Er wartete im laternenbeschienenen Eingang von Masanobus Haus. Vorsichtig trugen die Männer Masanobu hinein und legten ihn auf seine Reisstrohmatte. »Aiji, ich tue, was in meiner Macht steht. Bring mit Shunsho die Pferde in den Stall«, sagte Ando Razan und schickte alle anderen aus dem Raum, um den alten Samurai genau zu untersuchen. So hatten sich die Freunde das Ende ihres großen Ausritts nicht vorgestellt.

Die Schwerter der Seikan

Still und bedrückt versorgten Aiji und Shunsho die Pferde. Dann kehrte Aiji mit gesenktem Kopf zurück ins Haus. Der Arzt war noch immer im Zimmer Masanobus. Der Junge setzte sich vor die Tür und wartete. Er hörte, wie Ando Razan leise murmelte, sein Vater aufstöhnte und mit schwacher Stimme etwas sagte. Nach einer Weile kam der Arzt heraus.

»Wie geht es ihm?«, fragte Aiji.

Ando Razan rieb sich am Kinn. »Du bist tapfer, Sohn des Masanobu, oder?«

Aiji schaute ihn regungslos an. »Dein Vater ist sehr krank.«, sagte der Arzt.

»Hat er sich bei dem Sturz verletzt, Razan-San?«, fragte Aiji.

»Nein«, antwortete er, »dein Vater stürzte vom Pferd, weil er schon vorher krank war. Es sind seine inneren Organe. Die vier Säfte des Körpers, das Blut, das Wasser, die Galle und die Lymphe sind aus ihrem Gleichgewicht geraten. Vermutlich liegt es am Gift der mongolischen Pfeilspitze, die in seinem Bein steckt. Sie stört die Energieflüsse in seinem Körper. Dadurch verliert er Chi, seine Lebensenergie. Meine Kunst versagt in diesem Fall.«

»Aber Sie sind doch Arzt. Sie müssen ihm helfen«, flehte Aiji.

Doch Ando Razan schüttelte den Kopf: »Ich bin nur ein einfacher Arzt. Meine Fähigkeiten haben Grenzen. Ich kenne nur einen Einzigen, der deinem Vater helfen könnte.«

Aiji packte Ando Razan an der Hand. »Wer ist es? Sagen Sie es mir, Razan-San! Ich will zu ihm hingehen und ihn bitten, meinen Vater zu heilen.«

Da lachte Ando Razan gequält: »Entschuldige, Aiji. Du bist ein sehr tapferer Junge. Aber dieser Arzt ist Kinoshita Hatano, der Leibarzt des Tenno, des Kaisers von Japan.« Aiji ließ Ando Razan los und wurde bleich.

»Bereite deinem Vater eine Suppe. Er braucht jetzt eine Stärkung. Ich werde morgen früh wieder nach ihm sehen«, versprach der Arzt, klopfte dem Jungen aufmunternd auf die Schulter und verließ das Haus.

Sachte öffnete Aiji die Tür zu Masanobus Gemach. Der alte Samurai hatte die Augen geschlossen und atmete schwer. Ab und zu durchlief ein Zucken seinen Körper. Aiji spürte die Tränen aufsteigen, drehte sich dann aber auf Zehenspitzen um, schlich in die Küche und holte Zwiebeln und anderes Gemüse aus dem Vorratsschrank. Ja, auch Kochen war Unterrichtsfach! Bald duftete es im ganzen Haus. Als die Suppe fertig war, stellte er sie auf ein Tablett und trug es in das Krankenzimmer. Doch das Bett war leer. »Vater, wo bist du?«, rief Aiji.

»Hier!«, antwortete Masanobu leise. »Auf der Veranda«. Dass sein Vater wieder auf den Beinen war, gab dem Jungen Hoffnung. Vielleicht war es gar nicht so schlimm mit seiner Krankheit! Masanobu stützte sich auf das Geländer und betrachtete den Himmel. Der Regen hatte aufgehört. Die Wolken hatten sich verzogen und machten den funkelnden Sternen Platz.

Aiji stellte das Tablett auf ein Tischchen. »Ich habe dir etwas zu essen gemacht.«

Masanobu setzte sich und schlürfte die Nudelsuppe in kleinen Schlucken. Er war in letzter Zeit hager geworden. Seine Wangen waren eingefallen und auf seiner Haut waren gelbe Flecken aufgetaucht. Auch seine Augen, die einmal so tatendurstig in die Welt geblickt hatten, sahen trüb und glanzlos aus.

»Ah«, sagte Masanobu, »das tut gut. Danke.« Da bemerkte er den besorgten Blick seines Sohnes. »Hat es dir Razan-San gesagt?«, fragte er.

Aiji nickte.

»Sei nicht traurig, Aiji. Das ist die Natur. Wir sind alle ein Teil von ihr. Wir kommen und wir gehen wie der ewige Wechsel von Frühling und Herbst.« Schweigend schauten sie in die Sterne. Nach einer ganzen Weile bat Masanobu seinen Sohn: »Bring mir doch bitte den roten Kasten aus meinem Schlafraum, mein Junge.«

Aiji kam mit einer länglichen Kiste zurück, auf die ein schwarzer Drache mit roten Augen gemalt war. Masanobu öffnete sie. Darin lagen, geschützt von schwarzem Stoff, ein langes und ein kurzes Samuraischwert, also ein Katana und ein Wakizashi, und zudem ein Tachi, der traditionelle Dolch.

»Höre, Aiji! Ich werde nicht mehr kämpfen können. Du aber hast heute gezeigt, dass man sich auf dich verlassen kann. So gehören meine Schwerter von nun an dir! Die Schwerter der Familie Seikan. Doch wisse: Sie gehen heute zwar in deinen Besitz über, aber ihr Gebrauch ist dir, bis du zum Mann gereift bist, verboten. Ich gebe sie dir jetzt schon, weil ich vielleicht … weil ich möchte, dass sie dir ein Zeichen sind für deinen Bushido, deinen Weg. Und du weißt, Bushido ist nicht nur ›der Weg des Kämpfers‹, er ist vor allem ›der Weg der Gerechtigkeit‹. Diese Schwerter wurden geschmiedet aus den Erzkristallen des Flusses Hiro. Ihre Klingen sind aus vielfach gefaltetem Stahl. Halte sie in Ehren.«

Aiji verbeugte sich vor Masanobu. »Ich danke dir, Vater. Aber brauchst du sie vielleicht nicht doch noch?« »Nein, mein kleiner Krieger. Ganz bestimmt nicht mehr!«

Aiji nahm ehrfürchtig das Wakizashi heraus und steckte es in den Gürtel seines Kimonos. Ein richtiges Schwert! Doch als er in Masanobus Augen blickte, schauten diese matt wie durch ihn hindurch. Mit einem Schlag hatte Aiji vergessen, wie stolz er gerade noch gewesen war. Er legte das Wakizashi wieder in die Kiste zurück und betrachtete es eine Weile still. Dann fragte er leise: »Hast du damit gegen Mongolen gekämpft?«

»Mit diesem nicht. Mit dem großen«, antwortete sein Vater.

Aiji nahm das Katana heraus und streckte es hoch in die Luft. Er beschloss, nun etwas sehr Bedeutendes zu sagen, atmete tief durch und presste hervor: »Ich schwöre, dass ich meine Mutter zurückbringen und mit diesem Schwert Mongolen töten werde!«

Masanobu zog die Stirn in Falten, legte seinem Sohn die Hand auf die Schulter und raunte: »Lerne deine Worte zu zügeln, Aiji. Worte sind schnell dahingeplappert. Doch sie nehmen dir die Freiheit, zu tun, was klug ist. Worte sind Pfeile. Wenn sie ihr Ziel verfehlen, können sie den Falschen treffen.« Lange blickte er Aiji an. »Es stimmt! Deine Mutter wurde von Mongolen geraubt. Doch ich glaube nicht, dass sie noch am Leben ist. Am Leben aber sind die Mongolen. Nur, das sind nicht bloß Krieger, Soldaten und Räuber, die deine Mutter verschleppten. Sie haben selbst auch Frauen, Geschwister, Eltern und Kinder. Sie sind ein Volk wie wir und leben so, wie sie es für richtig halten oder wie man es ihnen sagt. Aber auf jeden Fall streben sie wie wir danach, ein nach ihren Ansichten gutes Leben zu führen. Wenn du also Mongolen triffst, welche willst du töten? Wie wählst du sie aus? Und wäre deine Tat dann nicht noch schlimmer als die Taten ihrer Landsleute, die uns deine Mutter genommen haben?«

Aiji ließ das Schwert sinken. Er kam sich dumm vor und blickte zu Boden. Beschämt wechselte er das Thema: »Ando Razan hat mir auch gesagt, dass dir der Leibarzt des Tenno helfen könnte.«

»Ja, das mag sein.« Masanobu lächelte. »Doch wie du schon sagst, er ist der Leibarzt des Tenno, nicht meiner. Er wird mir nicht helfen können, weil er mir nicht helfen darf.« Aiji protestierte: »Aber früher warst du doch im Auftrag des Tenno auf Reisen in fernen Ländern!«

»Das ist schon lange her. Damals lebte noch der alte Tenno. Seinen Sohn, unseren neuen Tenno, habe ich noch nie getroffen. Er ist ein Kind. Er kennt mich nicht.« Doch Aiji gab sich damit nicht zufrieden. »Wenn es jemanden hier gibt, der dir helfen kann, dann muss er dir helfen. Ich werde ihn fragen! Wo lebt der Leibarzt?«

Masanobu sah ihn erstaunt an. »Na da, wo der Tenno lebt. Im kaiserlichen Palast! Schlag dir das aber aus dem Kopf, mein Fröschlein.«

Aiji kniff die Augen zusammen und sagte jetzt wieder mutiger: »Dann muss dein Fröschlein wohl in den Palast des Tenno hüpfen.«

Masanobu lachte schwerfällig. Er ahnte nicht, wie ernst es seinem Sohn damit war, denn Aiji war keineswegs bereit, der Natur seinen Vater zu überlassen. »Dazu ist es noch zu früh«, dachte Aiji. »Es ist nicht der ewige natürliche Kreislauf von Leben und Sterben, es ist das Gift des Mongolenpfeils, und gegen das kann der Leibarzt des Tenno vielleicht wirklich etwas ausrichten.«

So verbeugte er sich und wünschte seinem Vater eine gute Nacht. Ehrerbietig ging er rückwärts aus dem Zimmer. Kaum hatte er jedoch die Tür hinter sich zugeschoben, spurtete er los und verschwand im Gewühl der Straßen. Während er durch die dunklen Gassen in Richtung des kaiserlichen Palastes rannte, zermarterte er sich den Kopf darüber, wie er es schaffen sollte, zum Kaiser vorgelassen zu werden, um Hilfe von dessen Leibarztes zu erbitten. Durch eines der Portale, die Tag und Nacht von schwerbewaffneten Soldaten bewacht waren, zu ihm zu gelangen, war unmöglich. Der Mut drohte ihm zu sinken und seine Schritte verlangsamten sich. Da fiel sein Blick auf einen hölzernen Kübel mit einem kleinen Bäumchen, einem Bonsai, der geschützt im Eingang eines Hauses stand. Seine Augen weiteten sich. Natürlich: der Garten des Kaisers!

Im Garten des Tenno

Aiji hatte mit seinen Freunden oft neben der Mauer gespielt, die den Park des Kaiserpalastes umschloss. Aus dem Innern drangen Musik und gedämpfte Stimmen heraus. Die Hofgesellschaft feierte! Es war bekannt, dass sich der kleine Tenno Go-Uda gern im Park aufhielt, denn er war ein großer Liebhaber von Blumen. Aiji hoffte so sehr, dass Go-Uda sich zumindest einmal anhören würde, um was er ihn bitten wollte, er war doch auch noch ein Kind! Dazu musste Aiji nur über die Mauer klettern und sich dann an ihn heranschleichen. Aber das war leichter gesagt als getan und ein gefährlicher Plan mit ungewissem Ausgang. Das Herz klopfte ihm bis zum Hals.

Fieberhaft suchte Aiji nach einer Stelle, an der er die Mauer hinaufklettern konnte. Doch sie war hier höher als die Häuser ringsum. Die Steine waren glatt und die Fugen mit Mörtel gefüllt. Es gab nirgends einen Halt. Aiji huschte weiter entlang der Mauer. Endlich! Ein paar Steinwürfe entfernt bestand sie aus alten, verwitterten Steinen mit Vorsprüngen und Kanten. Hier war es für einen flinken Kletterer wie ihn leicht, sie zu erklimmen. Als Aiji die Mauerkrone erreichte, konnte er über die Dächer der Häuser blicken. Ein wahrhaft schöner Ausblick. Nur war jetzt dafür keine Zeit.

Schon hatte er ein neues Problem: Auf der Innenseite war die Mauer glatt wie ein Pfirsich. Wie sollte er da nur hinunterkommen? Katzengleich schlich er auf dem schmalen Grat entlang, zurück zu der Stelle, an der er die Hofgesellschaft gehört hatte. Da! Ganz nah an der Mauer stand ein Baum. Vielleicht konnte er in die Äste springen und von dort auf den Boden klettern? Er hatte gar keine andere Wahl. Aiji zog den Gürtel seines Kimonos, in dem sein Bokuto steckte, fester, holte tief Luft, ging in die Knie – und sprang. Der Wind sauste ihm für eine lange Sekunde um die Ohren, dann schlug er gegen den Baum und versuchte sich an den dichten Zweigen festzuklammern. Mist! Er rutschte ab. Zwar dämpften die Zweige seinen Fall, aber der Lärm, den er machte, war nicht zu überhören. Mit lautem Krachen stürzte Aiji zu Boden.

»Alarm! Ein Eindringling!« Bevor er sich aufrappeln konnte, umringten ihn schon die kaiserlichen Wachen. Von allen Seiten deuteten die rasiermesserscharfen Spitzen ihrer Lanzen auf seinen Hals. Er war verloren! Er hatte nicht nur sein Leben verspielt, auch sein Vater würde jetzt keine Hilfe mehr finden und sterben müssen.

»Schau an, schau an«, knurrte ein Wächter mit einer riesigen roten Narbe im Gesicht. »Wen haben wir denn da? Einen Spion? Einen Dieb? Ah, seht, er hat ein Bokuto! Ein gedungener Mörder! Ein hinterhältiges Mörder-Kind! Na warte! Dein letztes Stündlein hat geschlagen!« Aiji versuchte, nicht zu laut mit den Zähnen zu klappern.

»Was ist hier los?!« Plötzlich zogen die Wachen die Köpfe ein und öffneten den Kreis, ohne den Jungen freizugeben. Sie knieten nieder, hielten die Lanzen jedoch weiter in Richtung von Aijis Hals. Gehüllt in weite weiße Seidengewänder, auf die fliegende Kormorane gestickt waren, schritt eine kleine Gestalt heran. Auf dem Kopf hatte sie einen seltsamen Hut, der mit goldenen Kordeln um das Kinn befestigt war. Das Gesicht war bleich und glatt. »Was ist hier los?«, wiederholte die Gestalt mit hoher Stimme. Es war Go-Uda, der junge Tenno selbst. Der Hofstaat hinter ihm starrte Aiji im Lichtkreis der Laternen und Fackeln an. Vier Diener trugen zwei Feuerbecken links und rechts neben dem Kindkaiser her, um ihn zu wärmen.

»Wir haben diesen Mörder gefasst, erhabener Kaiser«, sagte der narbige Wachoffizier mit gedämpfter Stimme. »Sollen wir ihn jetzt gleich töten?«

»Ein Mörder?«, antwortete der Kaiser. »Sein Schwert ist ja aus Holz. Und unser Möchtegernmörder ist auch noch ziemlich klein!«

Die zahlreichen Damen und Herren des Hofstaats kicherten diensteifrig über den Scherz ihres Herrn. Der Tenno betrachtete Aiji genauer: »Interessant! Aha! Wen hat er denn umgebracht?«

»Euch, Euer Gnaden, Euch wollte er umbringen«, stammelte der Wachoffizier, und seine Narbe wurde noch roter. Go-Uda lachte: »Mich? Wie langweilig! Soweit ich das beurteilen kann, lebe ich noch! Trotzdem: Der Knirps verdient natürlich den Tod, weil er es wagt, in meinen Garten einzudringen. Tötet ihn.« Der Tenno wandte sich einfach wieder ab und mit ihm sein Hofstaat. So einfach war das. »Tötet den Eindringling«, hatte er gesagt, so wie man sagt: »Tritt die Spinne tot!«, um dann weiter spazieren zu gehen.

Aiji war so entsetzt über diese Kaltherzigkeit, dass er fast vergaß, dass es um ihn selbst ging. Die Wachen richteten sich auf, der Narbige zog das Katana aus der Scheide und meinte zynisch: »Möchtest du noch etwas sagen, bevor ich den Willen des Kaisers vollstrecke?« »Ja!« Aiji schluckte kurz. Dann rief er dem Kindtenno hinterher: »Tötet mich. Aber schickt … Euren Leibarzt …!« »Schweig!« Der Wachoffizier, dessen Narbe jetzt leuchtete, hob sein Schwert. »Halt ein!« Befahl da Go-Uda und blieb stehen. Langsam drehte er sich um und schritt erneut auf Aiji zu. Wieder gingen die Wachen in die Knie. »Meinen Leibarzt?«, ließ der Kaiser seine dünne Stimme hören. »Was ist mit meinem Leibarzt? Will der mich auch töten? Wollen denn alle mich immer nur töten? Wie öde«, sagte er und verzog den Mund.

»Keineswegs, mächtiger Tenno«, stieß Aiji hervor. »Mein Vater … Masanobu, ist krank! Er war der beste Samurai Eures Vaters – und nur Euer Leibarzt kann ihn retten! Deshalb drang ich in Euren Garten ein! Um Euch zu bitten!« Der Tenno blickte sich gelangweilt um: »Zum einen bin ich nicht wirklich mächtig, das solltest du wissen als Sohn eines kaiserlichen Samurai. Zum anderen weiß ich bei meinen Samurai nie so genau, wer mir treu ergeben ist. Also warum sollte ich deinen Vater retten, kleiner … Krieger?« Aiji wunderte sich, dass Go-Uda, selbst noch ein Knirps, ständig so tat, als wäre er bereits erwachsen.

»Ich würde alles für Euch tun, wenn Ihr meinen Vater rettet«, erwiderte Aiji.

»Alles? Soso!«, sagte der Tenno, »ist das nicht selbstverständlich, dass jeder Einwohner Japans alles für seinen Kaiser tun würde?« Er hielt inne. »Warte!«, sagte er zu dem narbigen Wächter und wandte sich der Hofgesellschaft zu. »Über was sprachen wir doch gleich, meine Dame?« Neben Go-Uda erschien eine ältere Frau, deren kreideweiß geschminktes Gesicht im Licht der Fackeln aufging wie ein Mond. Noch dazu war ihr Kopf gekrönt von ungewöhnlich rotem Haar. Sie beugte sich zum kaiserlichen Ohr und flüsterte ihm etwas zu. »Ah, richtig!«, sagte der kleine Tenno, »die Blumen! Höre, Junge! Wie du bestimmt weißt, bin ich ein Freund der Blumen. Doch sieh dich um. Die wenigen, die ihre Köpfchen zeigen, scheinen zu schlafen, und die meisten wollen, so sieht es aus, nicht heraus aus Mutter Erdes Schoß. Warum? Die Sonne scheint nicht genügend in meinem Garten. Deshalb sind auch meine lieben Blumen krank – genau wie dein Vater. Aber ich bin der Tenno, der Kaiser von Japan! Und alles hat sich meinem Wunsch zu beugen! Ich wünsche mir, dass die Sonne jeden Tag über meinem Garten steht und ihr warmes Licht herunterschickt, damit meine Blumen blühen. So höre, Sohn des Masanobu! Deine Aufgabe wird es sein, die Sonne zu bitten, immer in meinem Garten zu scheinen. Suche ihren Schlafplatz und überbringe ihr diesen kaiserlichen Befehl! Wenn du mir Nachricht gibst, dass sie einwilligt, werde ich meinen Leibarzt zu deinem Vater schicken.«

»Er ist total verrückt«, dachte Aiji entsetzt. Dass die Blumen kaum aus der Erde lugten, war für diese Jahreszeit normal: Der Frühling war erst wenige Tage alt. Und wie sollte er, Aiji, der kleine Aiji, den Schlafplatz der Sonne finden? Gab es den überhaupt? Er hatte noch nie davon gehört. Weder im Unterricht seines Vaters noch hatte er etwas darüber in Schriftrollen gelesen. Unmöglich. Go-Uda aber meinte lächelnd: »Du fragst dich gerade, ob das möglich ist, nicht wahr?« Aiji nickte verhalten. Und der Tenno gab sich selbst die Antwort: »Es ist!« Aiji sah seinem Kaiser fest in die Augen und presste durch die Zähne: »Erhabener Tenno, ich werde es tun.«

»Natürlich wirst du das«, entgegnete er mit einem spöttischen Lächeln. Die weißgeschminkte Dame sah plötzlich ärgerlich aus und wollte ihm etwas ins Ohr flüstern, doch er winkte ab und fügte hinzu: »Morgen, kleiner Krieger, wirst du gleich nach Sonnenaufgang hier im Palast erscheinen, wo wir dich genau instruieren. Danach wirst du im Hafen eine Dschunke besteigen und deine Suche beginnen.« Dann wendete er sich um und flüsterte im Fortgehen: »Und jetzt hinaus mit ihm!« Zwei starke Arme packten Aiji am Kragen, und im Nu fand er sich auf der Straße vor dem Palast wieder. Er rappelte sich auf, blieb noch einen Augenblick stehen und blickte auf das große goldbeschlagene Portal, vor dem zwei Wachen ihre Lanzen kreuzten. Dann lief er nach Hause. »Morgen – gleich nach Sonnenaufgang im Palast«, hallte es in seinem Kopf. Die Entscheidung war gefallen.

Abschied

Die zehnte Stunde am Abend war gekommen. Aiji schlich sich ins Haus. Er war erschöpft, verzweifelt und hungrig. So gerne wollte er mit seinem Vater über alles sprechen. Aber würde er das tun, konnte er unmöglich seinen Auftrag erfüllen, denn Masanobu würde Aiji sofort verbieten zu reisen. Er ging in die Küche und schlürfte den Rest der Suppe. Ob der Tenno verrückt war oder nicht: Aiji sah jetzt einen Weg, seinen Vater zu retten. Und er war entschlossen, diese Chance zu nutzen. Müde legte er sich hin, wickelte die Decke um sich und glitt schon bald hinüber ins Reich der Träume.

Plötzlich riss es Aiji jäh von der Matte. Er hatte einen Hahnenschrei gehört. Auf den Gockel war Verlass: fünf Uhr früh. In zwei Stunden erwartete ihn Go-Uda, um ihn auf die Reise zu schicken!

Aiji lauschte auf das Schnarchen seines Vaters, schlich sich wieder in die Küche, entfachte die Glut im Ofen, setzte Wasser für einen Morgentee auf, und während es langsam zu kochen begann, schrieb er einen Abschiedsbrief: »Lieber Vater, ich weiß, du wirst dich um mich sorgen, aber glaube mir, so sehr bin ich auch in Sorge um dich. Deshalb werde ich jetzt im Auftrag des Tenno eine Reise unternehmen, damit er seinen Arzt zu dir schickt. Ich bin bestimmt bald zurück. Und du musst gesund werden. Hab keine Angst! Dein Aiji.« Aiji fühlte, dass auf dem Papier nicht das stand, was er seinem Vater alles sagen wollte. Zum Beispiel, dass es ihm unendlich leid tat, ihn so alleinzulassen und sich scheinbar als ungehorsamer Sohn zu erweisen. Er konnte es aber nicht ändern. Er musste darauf vertrauen, dass Masanobu ihn im Grunde seines Herzens richtig verstand.

Dann griff er sich ein weiteres Stück Papier. Er dachte kurz nach und verabschiedete sich auch von seinem besten Freund: »Lieber Shunsho, vermutlich wird es ein bisschen Aufregung geben, weil ich einfach so verschwunden bin. Ich muss auf eine Reise gehen, ich fürchte, es wird auch gefährlich. Ich muss im Auftrag des Tenno jemanden finden, sonst wird mein Vater nicht von seinem Leibarzt behandelt. Ich weiß nicht, ob es möglich ist, aber ich muss es versuchen. Bitte geh weiter zu meinem Vater in den Unterricht, das wird ihn trösten. Du bist der beste Freund, den man auf der Welt haben kann. Ich werde dich nie vergessen. Dein Aiji.«

Er rollte die Briefe zusammen und band Schnüre darum. Den an seinen Vater legte er auf den Teetisch, und die Zeilen an Shunsho steckte er sich in den Kimono. Dann goss er den Tee auf. Anschließend schlich sich Aiji in sein Zimmer und packte seine Schlafdecke und ein paar wenige andere Habseligkeiten zusammen. Am Ende verschnürte er alles mit einem Riemen aus Leder, der ihm als Tragegurt diente.

Mit dem Bündel auf dem Rücken saß er in der Küche, schlürfte seinen Tee und sah sich noch einmal um. Sein Bokuto!, fiel ihm ein. Das durfte er auf keinen Fall vergessen. Also ging er noch einmal auf Zehenspitzen zurück in sein Zimmer, um es zu holen. Natürlich kam er dabei wieder an Masanobus Tür vorbei. Schon vorher hatte Aiji an die Kiste mit den Schwertern gedacht.

Mit zehn Jahren war es ihm noch verboten, scharfe Waffen zu tragen. Allerdings: Der Gedanke, sich mit einem echten Schwert während seiner Reise schützen zu können, klang doch sehr vernünftig. Die Tür zum Zimmer seines Vaters aufzuschieben, war riskant, weil der gewöhnlich einen sehr leichten Schlaf hatte. Doch durch die Krankheit war er sehr geschwächt und schlief nun tief. Dabei schnarchte er laut. Es hörte sich an, als säge er allein einen ganzen Wald ab.

Vorsichtig schob Aiji die Tür nur einen Spalt breit beiseite, huschte zur Waffenkiste, öffnete sie unendlich langsam, nahm das kurze Schwert heraus und steckte es ebenso lautlos in seinen Gürtel. Fast hätte er beim Schließen der Kiste den Deckel fallen gelassen, weil er vor Aufregung furchtbar schwitzte. Er hielt den Atem an. Sein Blick flog zu seinem Vater, der jedoch laut schnarchend weiterschlief. Also nahm Aiji leise Abschied von ihm. »Möge dich das Gras auf Händen tragen«, flüsterte er lautlos, während ihm die Tränen über die Wangen kullerten. Dann schlich er sich aus dem Zimmer und schob sachte die Türe zu. Er prüfte, ob das Wakizashi im Gürtel richtig saß, steckte das Bokuto in sein Bündel, das er sich auf den Rücken packte, löschte das Licht und schlüpfte auf leisen Sohlen aus dem Haus.

Seine Schritte führten ihn jedoch nicht direkt zum Kaiserpalast, sondern zuerst zu Shunshos Haus, wo er lautlos die Gartentür öffnete und den Brief auf die oberste Treppenstufe legte. Anschließend machte Aiji noch am Schrein seiner Ahnen Halt, der sich in einem alten Tempel auf dem Weg befand. Vor den verrußten Figuren kniete er nieder, entzündete ein Bündel getrockneter Kräuter und sammelte sich. Er murmelte Gebete, bat seine Mutter, ihn zu beschützen, den Vater seines Vaters, den er nie kennengelernt hatte, und alle anderen Mitglieder der Familie Seikan. Schließlich verneigte er sich ein letztes Mal, stand auf und eilte mit schnellen Schritten zum Palast.

Das kaiserliche Siegel

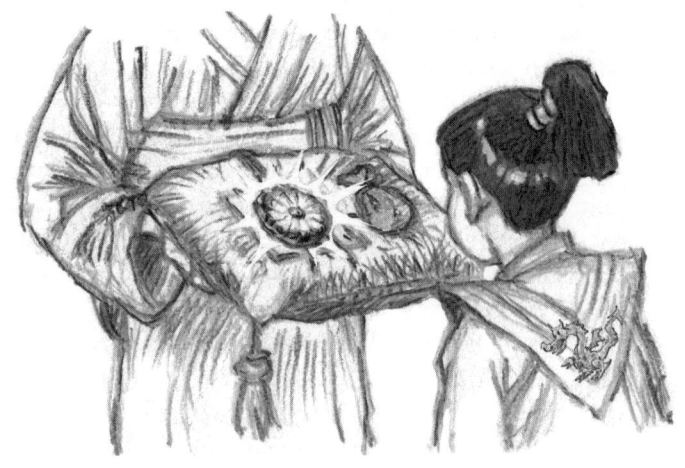

Am Hauptportal standen an diesem Morgen nicht nur die üblichen Wachen, sondern noch eine weitere Gestalt: der Wachoffizier mit der roten Narbe im Gesicht. »Wurde aber auch Zeit«, raunzte er Aiji an. »Folge mir!«

Auch wenn die hohen Bewohner des Palastes noch nicht zu sehen waren, glichen seine Höfe und Gänge bereits so früh am Morgen einem Bienenstock. Ein Heer von Dienerinnen und Dienern fegte und wischte den Boden. Kein Stäubchen war zu sehen. Andere gossen die Pflanzen oder wechselten die Kienspäne der Lampen aus, die sämtliche Flure und Fluchten säumten.

Unzählige Male waren sie links und rechts abgebogen, als der Narbige plötzlich stehen blieb, sich einmal um die eigene Achse drehte und Aiji zuraunte: »So, Bürschlein, wir sind da! Ich habe keine Ahnung, was der Tenno an dir findet. Wenn es nach mir ginge …« Dann machte er mit zwei Fingern eine Geste, als würde er sich selbst den Hals abschneiden, ohne dabei seinen durchdringenden Blick von Aiji abzuwenden. Der schluckte. Als der Narbige sich wieder aufrichtete und zur Doppeltür der Gemächer des Tenno wandte, hatte diese sich lautlos geöffnet. Ein warmes Licht strahlte von innen heraus, und vor ihnen stand die weiß geschminkte rothaarige Dame mit dem bleichen Mondgesicht. Sie war in einen fliederfarbenen Kimono aus hauchzarter Seide gekleidet. Aiji fragte sich unwillkürlich, ob sie nicht furchtbar frieren musste.

Sie nickte kaum merklich. »Zu Diensten, Dame Beniko!«, sagte der Wachoffizier und verabschiedete sich. Darauf hieß sie den Jungen mit einer kleinen einladenden Geste, ihr zu folgen. Sie durchschritten einen riesigen, mit auf Holz gemalten Drachenmotiven geschmückten Saal. Lautlos schwang ein Portal auf. Nun gelangten sie in einen zwar recht hohen, aber gemütlichen Saal, dessen Wände man mit Seide bespannt hatte. Auf die, so schien es, waren die Blumen dieser Welt gestickt. Aber ihr Ziel hatten sie immer noch nicht erreicht. Erst im nächsten Raum, dem kleinsten bislang, dessen Wände mit Jagdszenen bemalte Tapeten zierten, saß Go-Uda auf einer geschnitzten und vergoldeten Bank, die auf einem kleinen Podest stand. Der Tenno trug einen schlichten weißen Kimono. Links und rechts wurde er von zwei Damen flankiert, die in rot und blau gekleidet waren. Wachen waren keine zu sehen. »Wir haben dich früher erwartet, kleiner …« der Blick des Tenno heftete sich auf Aijis Wakizashi »… Krieger.« »Bin ich zu spät, o Herrscher der Himmel?«, fragte er unsicher. Go-Uda erwiderte in seiner altklugen Art: »Zu früh, zu spät, was heißt das schon? Wer weiß das schon?« Undurchdringlich schaute er Aiji an. Nach kurzem Schweigen fuhr er fort. »Die Sonne hat sich bereits erhoben und ihren Lauf nach Westen begonnen. Du kennst deinen Auftrag noch?«

»O ja, natürlich, Majestät!«

»Wie lautet er?«

Aiji räusperte sich: »Ich soll, o hoher Herr, den Schlafplatz der Sonne finden und sie bitten, immer auf euren Garten zu scheinen.«

»So ist es!« Go-Uda nickte zufrieden: »Und in meiner Güte habe ich entschieden, dich mit allem auszustatten, was du für deine Reise brauchst.« Er sah die Frau im roten Kimono links neben ihm kurz an. Sie wandte sich ab und erschien einen Augenblick später neben Aiji. In ihren Händen hielt sie ein großes Samtkissen, auf dem ein goldenes Täfelchen und ein lederner Beutel ruhten.

»Das kaiserliche Siegel. Die sechzehnblättrige Chrysantheme aus Gold. Der Abglanz meiner göttlichen Machtvollkommenheit«, sagte Go-Uda. »Es öffnet alle Türen. Bewahre es wohl!« Aiji verbeugte sich ehrerbietig. »Und wisse, Junge: Wer das Siegel verliert, verliert mein Vertrauen!«

»Natürlich, Gebieter!«

»Schweig! In dem Beutel befinden sich Samen aller Blumen meines Gartens. Die zeigst du der Sonne, damit sie versteht, wie wichtig die Aufgabe ist, die sie zu verrichten hat!«

Beim Anblick der Blumensamen hatte sich Aijis Stirn gekräuselt. Ihm wurde wieder der Irrsinn seines Auftrages bewusst: ein paar Blumen für ein Menschenleben? So zögerte Aiji mit seiner Antwort nur für ein Augenzwinkern. »Ich werde es ihr sagen!«

»Befehlen wirst du es! Befehlen!«

»Ja! Befehlen, o Tenno!«

Als könne Go-Uda Gedanken lesen, fuhr er fort: »Alles lebt, um zu sterben!«

»Natürlich, o Tenno!«

Dann nickte der kleine Tenno der Dame in Blau zu, die hinter ihrem Rücken einen Vogelkäfig aus dünnem Bambus hervorzauberte. Darin saß eine Taube und ruckte und gurrte leise.

»Mit dieser Brieftaube wirst du uns Nachricht geben, sobald dein Auftrag erledigt ist.« Go-Uda verstummte für einige Augenblicke, bevor er fortfuhr: »Ich habe die Geister, Dämonen und alle Ahnen beschworen. Du stehst unter meinem Schutz. Keiner wird dir ein Leid zufügen. Und jeder Kieselstein, über den du gehst, trägt dich näher an die Erfüllung deiner Aufgabe heran. Ich habe mich mit meinen Astrologen beraten. Du wirst der Sonne hinterherreisen, nach Westen. Bis zum Hafen wirst du geleitet. Dort wartet bereits eine unauffällige Dschunke, die dich aufs Festland bringen wird. Danach bist du allein.«

»Nach China?« Aiji erschrak.

»Ich weiß! Feindesland!« Go-Uda grinste. »Kehre wieder, wenn deine Aufgabe erfüllt ist – oder komme nie wieder zurück! Genug gesprochen. Deine Reise beginnt: jetzt.«

Noch ehe Aiji richtig verstanden hatte, was Go-Uda ihm da alles sagte, senkte sich aus dem Nichts ein feiner seidener Vorhang herab, verhüllte das Podest, auf dem der Kaiser eben noch saß, und von einem auf den nächsten Moment war er nicht mehr zu sehen. Wachen traten ein, angeführt von dem Narbigen. Er bellte: »Hopp-hopp! Beeilung!«

Aiji hängte sich hastig das Siegel des Tenno um den Hals, knotete den Beutel mit den Blumensamen an seinen Gürtel und packte den kleinen Käfig, in dem die Taube hockte, am Henkel. Gurrend beäugte ihn der Vogel.

Die Dame Beniko hatte die ganze Zeit hinter ihm gestanden, so, als wolle sie ihn beschützen. Nun sprach sie: »Die Taube, kleiner Krieger, hört auf den Namen Hui-Fui! Sprich sie damit an und zeige ihr, dass du ihr Freund bist. Hab Vertrauen, Aiji! Ich kenne deinen Vater! Hab Vertrauen!« Aiji war so erstaunt, dass er nichts erwidern konnte. Sie nickte ihm freundlich zu. Dann wandte sie sich ab und näherte sich trippelnd Meister Narbengesicht. Sie flüsterte ihm etwas ins Ohr und überreichte ihm einen kleinen klimpernden Lederbeutel. Er nahm ihn entgegen und raunte übellaunig: »Zu Diensten!« Aiji staunte immer mehr. Dann gab Beniko den Wachen ein Zeichen. Die nickten, nahmen Aiji in ihre Mitte und geleiteten ihn den langen Weg zurück.

Auf dem großen Platz direkt vor dem Palastportal stand eine Kutsche mit vier Pferden im Gespann. Der Narbige sagte barsch: »Steig ein!«

»Wo fahren wir hin?«, fragte Aiji.

»Nach Westen, der Sonne nach!«, antwortete er.

»Wir fahren …«

»… zum Meer.«

»Wie lange brauchen wir?«, fragte Aiji wieder.

»Zu lange, Nervensäge!«, herrschte ihn der Narbige an.

Aiji senkte den Kopf. Was hatte er da nur für eine Idee gehabt, diesen kleinen launigen Tenno um Hilfe zu bitten? Auf was nur musste er sich da einlassen? Auf eine Suche! Und zwar eine höchst gefährliche, spukte ihm die Erkenntnis durch den Kopf. Und leise sagte er zu sich selbst: »Für dich, Vater! Auf geht's!«

In Aijis bange Erwartung mischte sich zum ersten Mal ein Funken Freude auf das Abenteuer, das vor ihm lag. Narbengesicht starrte ihn zornig an. Der Kutscher ließ die Peitsche knallen, die Pferde zogen kraftvoll an, die Kutsche ruckte kurz, und sie begann: Aijis Suche nach dem Schlafplatz der Sonne.

Shunshos Entscheidung

Von unruhigen Träumen geplagt, wachte Shunsho am Morgen recht spät auf. Seine Eltern waren schon früh aus dem Haus gegangen. Er trollte sich gähnend in die kleine Küche, wo er sich einen Becher Wasser einschenkte. Dann ging er vor die Haustür, um in der frischen Luft vielleicht ein bisschen wacher zu werden – und trat mitten auf Aijis Brief.

Ein bester Freund spürt sofort, wenn mit seinem besten Freund etwas nicht stimmt. Und die kleine Schriftrolle unter seinem Fuß erfüllte ihn mit dunklen Vorahnungen. Hastig hob er sie auf und riss die Schnur herunter. Er wollte nicht glauben, was da stand! Halblaut las er es sich vor und begriff zunächst gar nichts: »›Lieber Shunsho, vermutlich wird es ein bisschen Aufregung‹ ... was? ... ›muss auf eine Reise gehen, ich fürchte ... gefährlich. Ich muss im Auftrag des Tenno jemanden finden, sonst wird mein Vater nicht von seinem Leibarzt behandelt. Ich weiß nicht, ob es möglich ist ... Bitte geh weiterhin zu meinem Vater‹ ... was? ... ›Du bist der beste Freund. Ich werde dich nie vergessen. Dein Aiji.‹ Das gibt's doch nicht!« Shunsho war mit einem Schlag hellwach, rannte ins Haus, warf seinen Alltagsrock über und nahm die Beine in die Hand. Was hatte Aiji da geschrieben? »Im Auftrag des Tenno ...« Wie der Blitz raste er zum Palast. Fast hätte er Kitaro, den Wasserträger, umgerannt. Vor dem Haupttor angekommen, fragte er atemlos die beiden Wachsoldaten, ob sie am Morgen einen Jungen in seinem Alter durchgelassen hätten. Aber da hätte er auch gleich eine Wand fragen können. Zornig starrte er die Wachen an. »Hey!«, rief er. »Es geht um meinen besten Freund! Ich mache mir Sorgen, versteht ihr? Wie würde es euch denn gehen, wenn euer Freund in Gefahr wäre?« Keine Regung. Da schaute ihnen Shunsho abwechselnd ins Gesicht und meinte: »So! Ihr habt also keine Freunde. Schade! Dann wisst ihr nicht, wie schön das ist! Arme Kerle!«

Plötzlich zwinkerte der linke Wachhabende und gab mit dem Kopf ein kaum merkliches Zeichen. Er ruckte mehrfach mit dem Kinn nach links. »Dahin?«, fragte Shunsho leise. Der Soldat deutete ein Nicken an. »Danke!« Und schon flitzte Sunsho in Richtung eines anderen Eingangs zur Palastanlage.

Er bog um die Ecke und prallte beinah zurück. Nach Luft japsend und die Hände auf die Knie gestützt, musste er mit ansehen, wie ein riesiger Soldat seinen Freund in eine Kutsche schubste. Der Schlag wurde geschlossen und im nächsten Moment raste sie davon. Shunsho wollte ihr hinterherschreien, sank jedoch in sich zusammen und konnte nur noch wimmern: »Aiji!«

Mit gesenktem Kopf saß er an der Palastmauer und bemerkte erst gar nicht, wer da an ihm vorbeiging. In der Annahme, er sei ein Bettler, hatte die Dame Beniko Shunsho eine Münze hingeworfen. Eingehüllt in einen Umhang mit Kapuze, eilte sie in Begleitung eines kleinen Mannes an ihm vorüber. Shunsho hörte nur noch, dass sie leise den Namen »Masanobu« sagte. Der Mann neben ihr war wirklich sehr klein und huschte neben der trippelnden Dame her. Sie liefen in Richtung Stadt, und bevor sie um die Ecke bogen, konnte Shunsho noch hören, wie dieses Männlein mit ungewöhnlich tiefer Stimme sagte: »… dem alten Haudegen wirklich helfen! Sein tapferes Söhnchen …« Dann waren die beiden verschwunden.

Shunsho sprang wie von der Tarantel gestochen auf. Offensichtlich war das der Leibarzt des Tenno! Aber wer war die Dame?

Egal! Masanobu bekam Hilfe, das war die Hauptsache! Wer jetzt aber ebenfalls Hilfe brauchte, war Aiji, sein Freund Aiji!

Shunsho flitzte nach Hause, tauchte nur einmal den Pinsel in die Tinte und schrieb fünf Worte auf einen Zettel: »Aiji in Gefahr, braucht Hilfe!« Dann packte er, ähnlich wie sein Freund, das Allernötigste in seine Schlafdecke, steckte auch sein Bokuto hinein und raste zum Pferdestall. Die kleine gerollte Nachricht hängte er an den Futtertrog, sattelte den Rappen Masanobus, schwang sich hinauf, und kaum war er aus dem Stall, ritt er, so schnell er es wagen konnte, zurück zum Palasttor. Von dort schlug er die Richtung ein, in die die Kutsche verschwunden war.

Unterwegs brauchte er niemanden zu fragen, ob die Kutsche vorbeigefahren sei, denn viele Passanten schimpfen immer noch lauthals über die rücksichtslose Geschwindigkeit, mit der sie wohl dahinraste. Da gab Shunsho seinem Schwarzen heftig die Fersen.

Der Leibarzt des Tenno

Auf eine Krücke gestützt, stand Masanobu wenige Stunden später vor dem Palast und schrie. Er, der alte Samurai, der sein Leben lang gelernt hatte, seine Gefühle zurückzuhalten, wollte und konnte nicht mehr. Er hatte alles verloren: seine Frau und jetzt auch noch Aiji, seinen Sohn. Wieder holte er tief Luft und brüllte den Namen des Tenno in die reglosen Gesichter der Wachen, die ihm den Zugang versperrten. Masanobus Hand glitt an den Gürtel, an dem früher sein Schwert befestigt war. Doch da war kein Katana. Das Bein, in dem die Mongolenspitze steckte, brannte, als hätte eine Viper hineingebissen. Er war kein Krieger mehr, er war jetzt Lehrer, ein alter humpelnder Lehrer, nichts weiter. In seiner Hand hielt Masanobu noch immer das Stück Papier, den Abschiedsbrief Aijis. Zigmal hatte er ihn gelesen und konnte es doch nicht begreifen. Er machte sich Vorwürfe, weil er ausgerechnet heute so schwer aus dem Bett gekommen war und erst lange meditiert hatte, bevor er in die Küche ging, wo er den Brief fand. Sofort hatte er seine Jacke übergeworfen und einen Stock als Gehhilfe geschnappt. Er war hinaus gehumpelt auf die Straße, wo er ein paar Sänftenträger bat, ihn zum Palast zu bringen. Doch wie langsam diese Burschen vorankamen! Immer wieder hatte er sie angetrieben, beschimpft und umschmeichelt, doch bitte schneller zu gehen, zu rennen, denn vielleicht war Aiji ja noch dort. Aber tief in seinem Herzen wusste Masanobu, dass er zu spät kam. Seine verzweifelten Schreie mussten bis ins Innere der kaiserlichen Gemächer dringen. Unbedingt.

Und tatsächlich: Plötzlich öffnete sich das Portal. Aber nicht Go-Uda trat heraus, sondern Dame Beniko, die einzige wahre Vertraute des Kaisers, tippelte in zierlichen Schritten auf Masanobu zu und kam mit einer angedeuteten Verneigung zum Stehen. »Du weißt, wer ich bin?«, fragte sie. Masanobu nickte. »Du bist die Amme Go-Udas!« Sie sah aber auch zu ungewöhnlich aus, um übersehen zu werden. Groß war sie und ihr rotes Haar, jetzt durchsetzt von grauen Strähnen, hatte noch vor wenigen Jahren geleuchtet wie eine Fackel im Meer der schwarzhaarigen Menschen von Kyoto. Masanobu war sie schon bei früheren Gelegenheiten aufgefallen, als er noch als Samurai am Hof war. »Ja«, sagte sie. »Und du bist Masanobu, einst der erste Samurai von Tenno Kameyama. Ich vermute, du bist da, um von Tenno Go-Uda Rechenschaft darüber zu fordern, was mit deinem Sohn geschehen ist.« Statt einer Antwort hielt Masanobu ihr Aijis Brief hin. Sie überflog die Zeilen und seufzte: »O Go-Uda!« Sie reichte den Brief zurück. »Es ist nicht leicht mit anzusehen, wenn aus dem Kind, das man mit der eigenen Milch großgezogen hat, ein schlechter Mensch wird.« Sie sprach frei und ohne Angst, obwohl allein diese Worte im Palast als Hochverrat hätten gedeutet werden können. »Ich kann die Taten des kleinen Tenno weder gutheißen noch rechtfertigen und ich kann Unrecht auch nicht in Recht verwandeln. Dein Sohn war heute Morgen hier. Go-Uda hat ihn empfangen und ihm das kaiserliche Siegel gegeben, damit er überall offene Türen vorfindet.«

Masanobu lachte bitter auf: »Ja. Aber ich kann mir kaum vorstellen, dass es für einen zehnjährigen Jungen sicher ist, mit einem Stück Gold um den Hals zu reisen. Wann ist er weg?«

»In aller Frühe«, entgegnete die Amme.

»Ich könnte ihn noch einholen mit meinem Pferd«, dachte Masanobu laut nach. Doch Beniko schüttelte den Kopf. »Er ist mit der schnellsten kaiserlichen Kutsche abgereist. Sicher ist er bereits auf halbem Weg zum Hafen. Bis du dort wärst, hätte sein Schiff schon längst abgelegt.«

Der alte Samurai, dem bereits die Schweißperlen auf der Stirn standen und die Knie vor Anstrengung zitterten, wurde noch blasser. Beniko fuhr fort: »Und du, Masanobu, kannst nicht reisen. Das wäre dein sicherer Tod. Du dürftest nicht einmal hier stehen.« Der Zorn, der Masanobus Körper an diesem Morgen beseelte und eben gerade noch in seinen Augen flackerte, war von einem Moment zum nächsten erloschen wie eine Fackel, die man in Wasser taucht. Er sackte regelrecht in sich zusammen und musste sich an der Mauer abstützen. Benikos Stirn legte sich in Falten. »Ich habe mir erlaubt, Kinoshita Hatano, den Leibarzt des Tenno, zu holen und ihm deinen Fall vorzutragen. Er kümmert sich ja nicht nur um Go-Udas Wehwehchen, sondern auch um alle Angehörigen des Hofes, so sie einmal ernstlich krank sind. Er ist ein ehrenwerter Mann.« Sie beugte sich zu Masanobus Ohr und sagte halblaut: »Schon recht früh heute Morgen suchten wir dich deshalb auf. Während du noch tief im Land des Schlafes weiltest, schaute er sich dein Bein an, das glücklicherweise aus der Bettdecke lugte. So konnten wir dich schlafen lassen.«

»Ihr standet an meinem Bett, und Hatanosan hat mich schon einmal untersucht?« Masanobu war erschrocken. »War ich so weggetreten?«

»Wohl so verzweifelt! Du hast uns nicht gehört, als wir um die Erlaubnis zum Eintritt baten – aber wir haben dich gehört!«

»Habe ich geschnarcht?«, fragte der alte Samurai.

»Ja! Wie eine Horde Baumfäller! Aber …«, und sie beugte sich noch tiefer, »… aber der kleine Tenno schnarcht lauter!« Sie richtete sich wieder etwas auf: »Kinoshita Hatano wird heute gegen Abend wieder zu dir kommen, um dich bei Bewusstsein zu untersuchen, Masanobu. Jetzt lasse ich dich nach Hause bringen. Bete zu den Ahnen für deinen tapferen Sohn. Ich werde das Gleiche tun.« Mit einem Wink ihres Kopfes beorderte sie zwei Sänftenträger herbei, die hinter einer Ecke des Palasts gewartet hatten. Sie halfen Masanobu, der stumm ins Weite starrte, in den gepolsterten Sitz, hörten Benikos Anweisungen und trabten los.

Eine schwere Entscheidung

Eine Stunde lag zwischen Aiji und Shunsho. Auf der Anhöhe eines kleinen Hügels angekommen, blieb Shunsho stehen und hielt Ausschau. Recht weit weg, in einer Staubwolke am Fuß der Erhebung, fuhr das Gefährt mit seinem Freund. Aber jetzt hatte er sie im Visier. Einen ganzen Tag lang war Shunsho hinter der Kutsche hergehetzt. Nun war er beruhigt, er hatte aufholen können. In angemessenem Abstand trabte er hinterher, ohne seinen Rappen weiter im Galopp treiben zu müssen.

Als die Sonne am Abend die Dächer berührte, trat Kinoshita Hatano, der Leibarzt Go-Udas, ans Bett des alten Samurai. Begleitet wurde er von mehreren Dienern und zwei weiteren jungen Ärzten, die wohl bei dem ehrenwerten Hatano in Ausbildung waren. Der alte Doktor trug einen grauen Mantel über einem blauen Kimono und eine schwarze Kappe, die unter seinem Kinn gebunden war. Mantel und Kappe legte er ab. Dann begann er Masanobu zu befragen. Der erzählte ihm alle Einzelheiten um den Mongolenpfeil in seinem Bein, während sich Hatano die vernarbte Wunde genauer ansah. Er fühlte den Puls, klopfte mal hier, mal da, drückte am Handgelenk und am Hals, dann wieder an den Zehen, um gleich darauf Masanobu zu bitten, seinen Mund weit zu öffnen. Der alte Samurai ließ alles klaglos über sich ergehen. Während der Untersuchung wurde Hatano immer nachdenklicher. Schließlich trat er einen Schritt zurück und sah Masanobu ernst an.

»Du hast die Wahl, Masanobu. Entweder du behältst dein verwundetes Bein und verlierst dein Leben. Oder du verlierst dein Bein und behältst – vielleicht – dein Leben.« Der alte Samurai dachte an Aiji, der nun ohne seinen Schutz da draußen in der Welt bestehen musste. Er fühlte die Ohnmacht wie einen Felsbrocken auf seiner Brust liegen. Er war müde und sehnte sich danach, Simran, wie er glaubte, im Reich der Ahnen wiederzusehen. Doch er musste am Leben bleiben, für seinen Sohn, für Aiji. Ohne den Blick von der Decke seines Schlafzimmers zu wenden, flüsterte Masanobu: »Leben!«

Der alte Arzt nickte zufrieden und gab dann mit gedämpfter Stimme seinen beiden Assistenten und Dienern Anweisungen. Die Männer verschwanden mit einer kleinen Truhe in der Küche des Samurai und begannen alsbald, mit Töpfen zu klappern. Masanobu roch zunächst das Feuer, das sie wohl entzündet hatten, dann durchzog ein seltsamer Duft das Haus.

Hatano ließ Tee und Tinkturen zubereiten und große Mengen Wasser erhitzen, um die Operation vorzubereiten. Einer der jungen Ärzte flößte Masanobu verschiedene dampfende Flüssigkeiten ein. Sie schmeckten bitter, und Masanobu spürte, wie sich der Takt seines Herzens verlangsamte und sich eine bleierne Schwere in seine Glieder senkte. Ihm wurde kalt.

Die Diener schafften zahlreiche Laternen herbei, die das Zimmer hell erleuchteten. Zudem trugen sie einen Tisch herein, auf den sie Masanobu legten. Darunter und außen herum streuten sie eine dicke Schicht Sägemehl auf den Boden aus. Einer der beiden jungen Ärzte entrollte auf einem kleinen Tisch lederne Bündel, deren Innenseiten gespickt waren mit allerhand chirurgischem Werkzeug: Rasiermesserscharfe Klingen, Spatel und Zangen, Schlingen, Sägen und andere schauderhafte Gerätschaften, die einem das Blut in den Adern gefrieren lassen konnten. Zwei Diener schleppten einen großen Topf heißes Wasser herein, aus dem sie Streifen von Baumwollstoff angelten. Schließlich war alles vorbereitet. Hatano hatte seinen Mantel abgelegt und ein weißes Überkleid angezogen. Auf sein Zeichen klemmte ein Diener Masanobu einen runden Stab zwischen die Zähne und hielt seinen Kopf fest. Prüfend sah Hatano ihm in die Augen. Masanobu schloss die Lieder und nickte. Die Operation begann.

Das Blut troff vom Tisch und fraß sich in das Sägemehl. Alle Diener mussten mit anpacken, um den sich aufbäumenden Körper des alten Samurai zurück auf den Tisch zu zwingen. Trotz der Tinkturen und Tees schoss in Masanobu der Schmerz in die Höhe wie ein Gebirge. Dann wurde dieses Gebirge aus Schmerzen durchschnitten von einem glühenden Stahl, der hindurchfuhr wie durch eine reife Frucht. Die Luft war erfüllt von einem Dröhnen, als würde ein Heer tibetischer Mönche in lange bronzene Fanfaren und Hörner stoßen. Es war ein tiefes, hartes, metallisches Dröhnen, das jeden Winkel der Welt ausfüllte, jedes Sandkorn, jeden Baum, jedes Tier und jeden Menschen, ja selbst die unendlichen Wassermassen des Ozeans erzittern ließ. Und dann war es plötzlich ganz still. »Simran«, flüsterte Masanobu noch mit fast unhörbarer Stimme. Dann verlor er das Bewusstsein.

Obama

In tiefer Nacht erreichten Verfolgte und Verfolger die Hafenstadt Obama an Japans Westküste. Vor einem recht einfachen Gasthaus hielt die Kutsche. Shunsho hatte seinen Rappen hinter der nächsten Ecke leise angehalten und war abgestiegen. Er war noch nie so lange am Stück geritten. Deshalb rieb er sich ohne Unterlass sein Hinterteil, das Geschehen immer im Blick. Ein riesiger Soldat mit einer auffälligen Narbe quer über dem Gesicht trug den schlafenden Aiji in die Herberge. Da nahm Shunsho sein Bündel vom Rücken, setzte sich darauf und lehnte sich, das Bokuto im Schoß, gegen die Wand. Nur für einen kleinen Moment wollte er die Augen schließen – und wurde am Morgen bei hellem Sonnenschein unsanft geweckt. Neben seinem Rappen, dem unerklärlicherweise ein Futtereimer um den Kopf hing, stand der Narbige, der das Fell des Tieres striegelte. In voller Montur der kaiserlichen Wachen schaute er auf Shunsho herunter und fragte brummelnd: »Wieso verfolgst du uns, Junge?«

»Ich?«, fragte Sunsho erstaunt.

»Wer sonst? Das Pferd heißt nicht ›Junge‹! Also sprich!«

»Wo ist Aiji?«, fragte er statt einer Antwort.

»Aha! Dein Freund?«, fragte der Narbige zurück.

Shunsho sprang auf. »Hast du ihn umge …?«

Das Narbengesicht unterbrach Shunsho: »Fast! Aber das ist zwei Nächte her! Jetzt bin ich froh, den kaiserlichen Befehl nicht ausgeführt zu haben!«

Shunsho begann zu schluchzen. »Was hat mein Freund denn verbrochen?«

»Nichts!«, antwortete dieser. »Jetzt pass auf!« Der Soldat erzählte Shunsho alles, was er von Aiji auf der Fahrt erfahren hatte, und wie sehr er seinen Mut bewunderte. Doch dann schloss er mit den Worten: »Wir dürfen ihm nicht helfen, Junge! Die Suche nach dem Schlafplatz der Sonne muss er alleine auf sich nehmen! Befehl des Tenno! Und bei Go-Uda in Ungnade zu fallen, kann von einem Moment auf den anderen den Tod bedeuten! Bis hierher durfte ich ihn bringen, weiterreisen muss er alleine!«

»Aber er braucht doch …«,

»… Schutz, meinst du?«, unterbrach ihn der Narbige. »Ich glaube, den brauchst eher du, Junge!«

»Shunsho heiße ich.«

»Nun gut, Shunsho. Aiji ist schon vor einer halben Stunde fort. Wohin, darf ich dir nicht sagen.«

»Bestimmt zum Hafen!«

»Egal! Er hat einen Auftrag und ich … Und er hat diesen Weg gewählt. Jetzt binden wir deinen Schwarzen an die Kutsche, du steigst schön ein und einer meiner beiden Soldaten bringt dich zurück nach Kyoto!«

»Ich will …«, begann Sunsho wieder.

»Vergiss es!«, unterbrach ihn der Narbige wieder. »Aiji macht diese Reise allein, und du fährst heim! Ende der Ansage!«

Aber ein Freund lässt seinen Freund nicht im Stich. Wie der Blitz schnappte Shunsho sein Bündel und flitzte davon. »Verdammt, Junge!«, brüllte Narbengesicht. »Los! Ihm nach!« Befahl er seinen Männern. Zwei recht unausgeschlafen wirkende Soldaten versuchten mit dem Riesen Schritt zu halten, als der in seiner schweren Uniform Shunsho hinterher hetzte.

Im Hafen

Die Sonnenstrahlen fluteten schon golden über die Giebel der Dächer, als sich Aiji in Richtung Hafen aufgemacht hatte, sein Bündel auf dem Rücken, das Wakizashi im Gürtel und den Käfig mit Hui-Fui in der Hand. Je näher er kam, desto lauter wurde es. Zuerst hatte er nur dumpfe Geräusche gehört, dann einzelne Stimmen. Aber als er jetzt um die Ecke eines baufälligen Tempels bog und sich der Hafen vor ihm öffnete, erhob sich der Lärm wie eine Wand.

Fässer mit Reiswein polterten über Pflastersteine, Ochsenkarren mit dick eingeschlagenen Porzellanwaren wurden vorsichtig zwischen Bergen aufgetürmter Waren rangiert, die man ein- oder auslud. Hunderte Hafenarbeiter eilten hin und her, schleppten Säcke und Kisten und trugen Seidenballen oder zerrten an Stricken Vieh hinter sich her. Da lagen aber auch ein paar Zecher, die es in der Nacht nicht mehr auf ihre Matte geschafft hatten, wenn sie überhaupt eine besaßen. Zwischen oder auf Stoffballen und Taubündeln schliefen sie in all dem Gewusel und Gewerke ihren Rausch aus. Pferde wieherten, ein Schwein schrie. Aufseher kommandierten Lagerarbeiter beim Beladen der Dschunken, die vertäut an den Kaimauern dümpelten. Träger, wie die Glieder einer Kette aufgereiht, brüllten im Takt und warfen sich Ziegel zu, die der Letzte auf Bretter stapelte. War eines voll, wurde es verschnürt, an einem Holzkran hochgehievt und auf Schiffsplanken geschwenkt.

In der Luft hing der Duft von tausend Gewürzen, der aus aufgestapelten Säcken strömte: Minze, Ingwer, Pfeffer, Koriander, Kardamom. Dann mischten sich noch andere Gerüche darunter, die Aijis Magen auf die Probe stellten: der stechende Geruch von Leder, der aus einem Haufen von gegerbten Tierhäuten stieg. Und natürlich der unvermeidliche Geruch, den ein Hafen immer verströmt: ein Gestank von brackigem Wasser, garniert mit dem Aroma toter Fische, verfaulenden Tangs und Abwässern jeglicher Art.

Aijis Blick wanderte hin und her, immer auf der Suche nach der Dschunke, die ihm Tenno Go-Uda als unauffällig beschrieben hatte. »Unauffällig, was heißt denn unauffällig? Woran kann ich denn etwas Unauffälliges erkennen?«, dachte er und musterte die verschiedenen Schiffe.

Da waren Fischerboote, die bereits vom Fang zurückgekehrt waren. Sie wurden gerade ausgeladen. Männer wuchteten Körbe voll silbern schimmernder Fischleiber auf ihre Schultern und balancierten über schwankende Dielen von den Bordwänden auf die Mole, wo sie die Behälter, in denen es noch vereinzelt zappelte und zuckte, auf Handkarren stellten.

Daneben belud man eine riesige Dschunke, deren Bordwand mannshoch über die Kaimauer ragte. Große, fest verschnürte Ballen wurden mit einem Kran auf Deck gewuchtet und verschwanden durch eine Luke im gefräßigen Bauch des Handelsschiffes. Matrosen machten sich an der Takelage zu schaffen, lösten bald diesen Knoten, bald jenen, nur um einen anderen im nächsten Moment wieder neu zu legen. Andere wechselten das Segel aus, wieder andere scheuerten die Planken.

Aijis Herz klopfte bis zum Hals. Als er das Haus seines Vaters verließ, waren seine Füße noch schwer wie Blei. Aber jetzt am Hafen fühlte er sich, als wäre er ein junger Kormoran, der seine Flügel ausbreitet, um sich zu seinem ersten kühnen Flug in die Tiefe zu stürzen.

Niemand schien den Jungen zu beachten, der auf der Suche nach seinem Schiff den Kai entlang wanderte. Bis ihn plötzlich doch jemand von der Seite ansprach: »Hey, Kleiner!«

Aiji wandte sich um. An einer Holzkiste lehnte ein dicker Matrose. Über das Ende seiner langen Pfeife, die ihm im Mundwinkel steckte, fragte er: »Kann ich dir helfen?«

Der Kerl war so über die Maßen dick, dass sich Aiji unwillkürlich fragte, welche Arbeit er auf einem Schiff wohl ausführen könnte. Instinktiv tastete Aiji nach dem Griff des Wakizashi. Der Dicke hatte das sehr wohl aus dem Augenwinkel bemerkt. Scheinbar unbeeindruckt zog er an seiner Pfeife und fragte knapp: »Na? Bist du stumm?«

»Ich suche ein bestimmtes Schiff«, sagte Aiji tapfer und blickte sein Gegenüber geradewegs an. »Da bist du ja am Hafen genau richtig«, entgegnete dieser, »hier gibt es jede Menge bestimmte Schiffe.« Und dann fiel sein Auge auf etwas, das aus Aijis Kimono hervorblitzte: das goldene kaiserliche Siegel, das der Junge an einem Lederriemen um den Hals trug. Sofort richtete sich der fette Kerl auf, nahm die Pfeife aus dem Hund und vollführte eine Verbeugung, so tief, wie sein dicker Bauch es eben zuließ: »Ah, hoher Herr, verzeiht, dass ich Euch nicht gleich erkannt habe.« Kurz blinzelte er Aiji an, um festzustellen, ob seine Worte überzeugten, dann fuhr er fort: »Das Schiff, das Ihr sucht, o ehrwürdiger kaiserlicher Bote, erwartet Euch bereits. Es liegt dort.« Ohne sich aufzurichten, deutete er mit dem langen Stiel seiner Pfeife den Kai entlang auf das letzte Schiff, das etwas abseits der anderen lag.

Ehrwürdig fühlte sich Aiji keineswegs, eher ratlos und unsicher. Aber kaiserlicher Bote? Nun ja, vom Kaiser geschickt wurde er schließlich. Auch wenn ihm der Dicke jetzt noch weniger gefiel, entschloss er sich, diese Dschunke zumindest einmal anzusehen. Sie war viel kleiner als die Handelsschiffe, jedenfalls, was die Höhe betraf. Schlank gebaut, mit einem niedrigen Bord, doch langgestreckt lag sie da. Einen schnellen und wendigen Eindruck machte sie. Und einen Unauffälligen. Das musste das Schiff sein, von dem der Tenno gesprochen hatte. Aiji gefiel es.

Jussuf al'Schrait

An der Reling stand ein Mann in Kleidern, die sicher einmal fein und teuer gewesen waren, jetzt aber ihre besten Tage längst hinter sich hatten. Er trug einen von einer Narbe geteilten schwarzen Oberlippenbart, der links und rechts herabhing. Mit harter Stimme kommandierte er seine Männer, die Proviant und Ladung an Bord brachten. An seinen Ohrläppchen prangten glitzernde Ringe. Eine goldene Kette mit einem seltsamen Amulett baumelte an seinem Hals. Er war größer als die anderen, schlank – und kein Japaner. Das sah man sofort. Sein Gesicht war länglich, seine lange Nase sah aus wie der Schnabel eines Adlers. Seine Haut hatte einen Bronzeton. Mit einem Wort: ein Mann aus fernen Ländern, der in seinem Leben sicher schon viel gesehen hatte. Das musste der Kapitän sein.

Von oben herab blickte er zunächst gleichgültig auf Aiji, dann über ihn hinweg. Doch hinter dem Jungen stand der Dicke, deutete auf den Kleinen und rieb zwei Finger aneinander, als wolle er Geld zählen. Leider konnte Aiji diese Geste nicht sehen.

Da straffte sich der Körper des Kapitäns. Sein Gesicht hellte sich auf und er entblößte mit breitem Grinsen seine Zähne, die er nach Sitte des Hofes irgendwann in den letzten Tagen schwarz gefärbt hatte. Er verließ seinen Platz an der Reling und betrat die Planke zum Kai, wobei er zwischen den Zähnen einen Fluch zischte und einen Matrosen beiseitestieß, der einen riesigen Sack schleppte und nun um ein Haar zwischen Bordwand und Mole ins Wasser gestürzt wäre. Mit einem weiten Satz landete der Kapitän direkt vor Aiji. Überfreundlich raunte er: »Seid gegrüßt, hoher Herr!«

Der Dicke hinter dem Jungen flötete: »Der kleine Herr sucht ein Schiff – ein ganz bestimmtes.« Da fasste Schwarzzahn Aiji mit einer Hand an der Schulter und wies mit der anderen mit ausholender Geste an seiner Dschunke entlang. »Hoher Herr, sucht Ihr gar dieses Schiff? Wenn ja: Ihr habt es gefunden! Die Rote Füchsin. Der schnellste Segler der sieben Meere. Er bringt Euch wie der Wind an jegliches Ziel. Auch nach … wohin, sagtet Ihr doch gleich, wollt Ihr?«

Aber Aiji hatte bis jetzt ja noch gar nichts gesagt! Und auch dieser Kerl gefiel ihm gar nicht. Er schüttelte die Hand von seiner Schulter, wich einen Schritt zurück und prallte gegen etwas Weiches – und etwas Hartes. Das Weiche war der Bauch des Matrosen, der ihn zur Roten Füchsin gelotst hatte. Das Harte war der Knauf eines Messers, den ihm der Dicke in die Rippen stieß. Dabei zischte er ihm ins Ohr: »Jetzt keine Dummheiten, mein Kleiner. Niemand schlägt ungestraft eine so höfliche Einladung aus, wie sie dir von Meister Jussuf al'Schrait zuteil geworden ist, dem besten Kapitän aller Zeiten.«

Aiji öffnete den Mund, aber der Dicke fuhr fort: »Ein Wort und du machst Bekanntschaft mit dem anderen Ende des Knaufes.« Das ließ den Jungen augenblicklich verstummen. Zwei weitere Hände tauchten aus dem Nichts hinter ihm auf, packten ihn an der Schulter und beförderten ihn schwungvoll mitsamt seinem kleinen Taubenkäfig an Bord.

Ein nicht besonders großer, aber sehr breiter und kräftiger Matrose drückte Aiji auf eine Kiste und hielt ihm mit seiner dreckigen Pranke den Mund zu. Blitzschnell sprangen andere Besatzungsmitglieder an Bord und zogen die Planken zum Kai über die Reling. Wie auf ein geheimes Kommando hin wuselte plötzlich ein ganzer Schwarm zwielichtiger Gestalten über das Deck, löste die Taue und lichtete den Anker. Die beiden dreieckigen Segel aus geflochtenem Schilf glitten am Mast herab. Der Wind verfing sich darin, sie flatterten kurz, dann blähten sie sich und zogen das Schiff mit unsichtbarer starker Hand. Ohne dass es irgendjemand bemerkt zu haben schien, verließ die »Rote Füchsin« den Hafen. Aiji, dem noch immer diese schmutzige Pfote den Mund zuhielt, sah mit weit aufgerissenen Augen, wie am Kai Menschen auftauchten, die wild mit den Armen fuchtelten und in ihre Richtung zeigten. Sie wurden immer kleiner, und wie alles Übrige waren sie schließlich nur noch winzig wie Ameisen. Immer weiter und breiter dehnte sich das Meer nun zwischen der Dschunke und dem sicheren Ufer. Aiji hatte zwar nach Westen reisen wollen, dem Lauf der Sonne nach, und die Richtung stimmte ja. Doch dass er gleich zu Beginn seiner Reise entführt werden würde und sein Leben und das seines Vaters an solch einem seidenen Faden hingen, hätte er sich in seinen kühnsten Träumen nicht ausmalen können. Wenn ihm jetzt nicht alle Ahnen und Götter beistanden … Aiji saß in einer schwimmenden Falle.

Narbengesicht und Shunsho

Von Narbengesicht wusste Shunsho, dass Aiji auf seiner Suche nach dem Schlafplatz der Sonne gen Westen reisen musste, also über das Meer. Und das ging von Obama nur vom Hafen aus. So war er natürlich in die Richtung geflitzt, wo er ganz klein am Himmel Möwen kreisen sah. Die drei Soldaten in ihren kaiserlichen Monturen hasteten schwerfällig hinter ihm her. Endlich holten sie ihn ein. Shunsho stand, noch etwas außer Atem, an dem etwas höher gelegenen alten verfallenen Tempel und suchte verzweifelt den Hafen mit den Augen ab: »Wo ist mein Freund? Wo ist Aiji?«

»Da liegt der Kaisersegler«, schnaufte der Narbige, der langsam wieder zu Kräften kam. »Aber es sieht nicht so aus, als würden sie gleich ablegen. Hmh! Also ist Aiji nicht dort.«

Der riesige Wächter kniff die Augen zusammen und ließ seinen Blick ganz langsam von links nach rechts schweifen. »Wo ist er nur?« Plötzlich schrie er: »Da drüben! Er ist auf der falschen Dschunke! Sie hat gerade abgelegt! Einer der Matrosen hält ihm den Mund zu! Verdammt! Wie konnte das passieren?« Und schon rannte er wieder los. »Kommt!«, rief er im Laufen über die Schulter.

Das Schiff mit Aiji war schon auf die Länge von zehn Seglern an die Hafenausfahrt herangekommen, als die vier an der Kaimauer ankamen und der »Roten Füchsin« hinterherschrien.

Im nächsten Moment galoppierte Narbengesicht zur Dschunke des Tenno. Er brüllte den Wachhabenden an: »Im Auftrag des Kaisers: der Dschunke dort hinterher! Auf der Stelle!«

Er war schon eine beeindruckende Erscheinung. Aber die Matrosen des Tenno waren weder die Schnellsten noch die Hellsten. Und so meinte der Wachhabende nur: »Was für einer Dschunke? Wer seid Ihr überhaupt! Wir warten auf einen Jungen!«

»Genau um den geht es doch!«, brüllte der Narbige und deutete in Richtung der »Roten Füchsin«. »Auf dieser Dschunke dort, da ist der Junge, auf den ihr wartet. Er wurde entführt!«

»Ach so? Dann ist der Kleine da«, er zeigte auf Shunsho, »nicht der, auf den wir warten?«

»Jetzt werde ich verrückt!«, presste der Narbige gefährlich durch die Zähne. Dann zeigte er sein kaiserliches Amulett. »Ablegen, im Namen des Tenno! Sonst putzt Ihr bald die Nachttöpfe im Palast!« Da ging ein Ruck durch den Matrosen. »Fertigmachen zum Ablegen! Auf Befehl vom Tenno!« Er brüllte aus voller Kehle. Matrosen spannten die Segel in den Wanten, sie liefen und riefen durcheinander. Doch trotz der großen Eile dauerte es seine Zeit, bis die Dschunke Go-Udas sich endlich von der Mole löste. Da wurde Shunsho plötzlich bewusst, dass er zum ersten Mal in seinem Leben auf einem Schiff stand. Und mit einem Mal war ihm gar nicht mehr gut.

Der Narbige hatte kurz vor dem Ablegen einem Soldaten des Kaisers schnell noch den Namen der Herberge genannt, in der ihr Gepäck zurückgeblieben war, und den Befehl ausgegeben, auch Shunshos Rappen zu versorgen. Dann rannte er zum Bug und versuchte, die »Rote Füchsin« mit Aiji auf See zu entdecken. Und Shunsho? Der hing schon im Hafen an der Reling und musste sich übergeben, so sehr schlug ihm das Geschaukel der Wellen auf den Magen.

Die »Rote Füchsin«

Obwohl sie schon ziemlich weit vom Ufer entfernt waren, hatte Aiji doch noch sehen können, wie eine weitere Dschunke überstürzt aus dem Hafen auslief und ihnen folgte. Ihm war, als habe das Zeichen des Kaisers kurz auf der Schulterborte einer Uniform in der Sonne geblinkt. Nur: Die »Rote Füchsin« war tatsächlich überlegen gebaut. Leicht glitt sie über das Meer. Etwas geneigt und voll im Wind flog sie regelrecht dahin. Obama war schon kaum mehr zu erkennen. Bald waren der Hafen und die Stadt dahinter nur noch als winziger Punkt zu sehen, und ein paar Augenblicke später blieb nicht mehr davon übrig als eine vage Ahnung, eine Hoffnung, die mit der Gischt am Heck zerstob.

Aiji versuchte seiner unbändigen Angst einigermaßen Herr zu werden, indem er sich darauf konzentrierte, ruhiger zu atmen. Es war schwierig, aber nach und nach ging sein Atem tatsächlich langsamer. Sein Herz raste auch nicht mehr so und fand seinen gewohnten Rhythmus. Seine Entführer hatten ihn auf eine Tau-rolle an die niedrige Bordwand am Bug gesetzt und dort an der Reling festgebunden. So unbequem es auch war, er konnte nahezu das gesamte Deck überblicken. Den Kapitän und den Dicken aber sah er nicht mehr. Wo waren sie? Und wer waren sie? Bis auf ein kleines Katapult am Heck schien der Segler nicht bewaffnet. »Also keine Piraten«, überlegte Aiji. Normale Händler konnten sie aber auch nicht sein, denn die gingen mit ihren Gästen anders um. So kam er zu dem Schluss, dass sie wohl Schmuggler sein mussten.

Von Schmugglern und Piraten hatte sein Vater und Lehrer ihm und Shunsho im Unterricht schon viel erzählt. Die Piraten seien gierig und grausam, hatte er gesagt, die Schmuggler dagegen seien noch dazu hinterlistig und richtig durchtrieben. Ehrlos wären allerdings beide. Aiji kam sich dumm vor, dass er nicht gleich ge-merkt hatte, dass etwas mit diesem dicken Matrosen nicht stimmte – er war ihm doch von Anfang an zuwider. Gerade weil Masanobu ihm und Shunsho im Unterricht auch erklärt hatte, wie man Be-trüger erkennen kann und sich am besten verhält, wenn man doch in einen Hinterhalt geraten sollte. Masanobu hatte ihnen sogar gezeigt, wie man sich selbst aus Fesseln befreite. Aiji dachte so scharf nach, wie er es mit der Angst im Nacken nur konnte. Gab es da nicht einen Trick?

Wahrscheinlich hatte er aber gerade in diesem Moment im Un-terricht wieder einmal nicht aufgepasst. Es fiel im einfach nicht ein, und so blieb ihm nur die einfachste Methode: das Hanfseil, mit dem er gefesselt war, durchzuscheuern. Gut, dass die Schmugg-ler ihn überhaupt nicht beachteten.

Er versuchte es an einer Kante der Reling. Aber außer, dass seine Haut aufriss, bewirkte er nur noch, dass seine Finger schmerz-ten. Ihm war kalt und elend zumute. Seine Taube hockte vor ihm im Käfig und gurrte ihn an. Leise sagte Aiji zu ihr: »Ach Hui-Fui, jetzt weiß ich, wie das ist, gefangen zu sein, und wie du dich in deinem Käfig fühlen musst.« Unvermittelt peitschte ihm eiskalte Gischt mitten ins Gesicht und machte ihn triefnass. Der kleine Japaner begann zu zittern und mit den Zähnen zu klappern. Er kam sich verloren vor, und in seinem Bauch fühlte es sich an, als läge darin ein harter kalter Stein. Die Tränen stiegen ihm in die Augen, und so sehr er auch dagegen ankämpfte, die Verzweiflung war dabei ihn zu überwältigen. Da meinte er leise die Stimme Masanobus zu hören: »Solange du nicht tot bist, kannst du immer um dein Leben kämpfen!« Aiji schluckte kurz und flüsterte: »Ja, Vater.« Dann starrte er über die niedrige Bordwand Richtung Küste. Japan war jetzt nur noch ein fahler Streifen im Dunst, der immer mehr eins wurde mit dem Horizont.

Verpasst!

Auf der kaiserlichen Dschunke hatte der Narbige mit seinen energischen Befehlen die Mannschaft derart verwirrt, dass sie durcheinanderliefen wie die Hühner auf dem Hof, wenn der Fuchs kommt. Der Ausguck war noch nicht besetzt, der Maat am Ruder konnte kaum sehen, wohin er lenkte, weil die Segel viel zu schnell und voll herabgelassen worden waren, und schon rammten sie, kurz bevor sie die Ausfahrt des Hafens erreichten, einen Handelssegler. Shunsho wurde zum Glück nur auf die Planken geschleudert, aber einer der beiden Soldaten fiel in seiner schweren Uniform ins Wasser. Hätte Narbengesicht ihm nicht schnell ein Tau zuwerfen können, mit dem er ihn wieder an Bord zog, wäre zu allem Unheil noch ein Toter zu beklagen gewesen.

Die Dschunke Go-Udas, die in ihrem gesamten Aufbau verstärkt war, trug bei diesem Unfall keinerlei Schaden davon, da die beiden Schiffe nur seitlich aneinander gestoßen waren. Und die gebrochenen Planken, die der Kaufmann auf seinem Segler feststellte, waren mit drei Goldmünzen aus dem Beutel, den die Dame

»Mondgesicht« dem Narbigen gegeben hatte, schnell vergessen. Doch kein Gold der Welt konnte die verlorene Zeit wettmachen. Der Vorfall hatte die Kaiserlichen fast eine Stunde gekostet. Die schnittige »Rote Füchsin« war längst nicht mehr zu sehen. Das Letzte, das Shunsho und Narbengesicht noch beobachten konnten, war, wie das Schiff Richtung Westen am Horizont verschwand. Schlecht gelaunt brüllte Narbengesicht wieder Befehle, und so nahmen sie endlich die Verfolgung auf. Nun konnten sie nur hoffen, dass die Entführer Aijis die Richtung auch beibehielten.

Am Krankenlager

Fern von Hafen und Meer, in der Kaiserstadt Kyoto, bot der Leibarzt des Tenno seine ganze Heilkunst auf, um Masanobu zu retten. Viele Stunden verbrachte er am Lager des alten Samurai, der bei der Amputation seines Beines sehr viel Blut verloren hatte und fiebernd zwischen Leben und Tod schwebte. Manchmal faselte er in Fieberträumen die Namen seiner Lieben, manchmal lag er bleich und kalt da, als wäre er schon ins Reich der Ahnen gegangen. Oft saß auch die Dame Beniko am Krankenlager und tupfte ab und an den Fieberschweiß von Masanobus Stirn. Sie beobachtete, wie die Helfer des Arztes kalte Wickel um die Wade des Kranken schlangen, die das Fieber senken sollten.

Immer wieder flößte Hatano seinem Patienten ein besonderes Medikament ein. Dazu tränkte er einen kleinen Schwamm mit der heilenden Flüssigkeit und presste ihn leicht zwischen Masanobus Lippen. Die Tinktur war ein fein dosiertes Mittel, das nicht nur den geschwächten Körper stärken, sondern ihm auch gleichzeitig die Reste des mongolischen Giftes entziehen sollte, denn mit der Amputation des vergifteten Beines allein war es nicht getan. Viel zu lange schon wirkten die Reste der Pfeilspitze im Körper des

Samurai. Doch der Leibarzt des Tenno verlor weder die Geduld noch die Hoffnung auf Genesung.

Aiji über Bord

Aiji saß vor Kälte schnatternd und völlig geschwächt zusammengesunken an der Reling der »Roten Füchsin«. Neben ihm lag Hui-Fui müde in ihrem Käfig. Gegen Mittag wurde die See rauer. Die Winde des Frühlings wühlten in den Wellen und die »Rote Füchsin« hatte jetzt auch zu kämpfen. Mit jedem Atemzug wurde sie entweder leicht emporgehoben oder schlug hart im Wellental auf. Aiji schien es, als wären die Mienen der Schmuggler noch finsterer oder verbissener, als sie es schon waren, aber sonst ließen diese sich nichts anmerken.

Ihm dagegen – er war ja noch nie auf einem so großen Schiff gewesen – war jetzt hundeelend zumute. Er starrte durch die Sprossen der Reling auf die fliehenden weißen Gischtkronen des stahlgrauen, aufgewühlten Meeres, das kochend unter ihnen wegglitt. Da neigte sich die »Rote Füchsin« noch etwas mehr, eine Woge brach über die Planken und durchnässte ihn bis auf die Haut.

Noch dazu hatte sich das Seil, mit dem er an die Reling gefesselt war, etwas gelockert, sodass Aiji meinte, über Bord zu kippen, der schaurigen Tiefe des Meeres entgegen. Er schrie verzweifelt.

Da packte ihn eine Hand schraubstockartig am Kragen und zog ihn hoch: »Nur nicht so hastig mit dem Sterben, du Laus«, knurrte der vierschrötige Pirat, der ihm im Hafen den Mund zugehalten hatte, »du wirst deine Ahnen schon früh genug wiedersehen.« Er löste Aiji von der Reling und stieß ihn auf eine Taurolle am Mast. Dort band er ihn wieder fest. Hui-Fui hängte er in ihrem Käfig neben ihm an einen Haken: »Wir wollen ja nicht, dass du an Einsamkeit stirbst!«, grinste er höhnisch.

Aiji bedankte sich leise – und musste husten. Den Kopf schräggelegt, schaute der Matrose ihn an. »Hmh!«, machte er und verschwand in Richtung Kajüten. Die See beruhigte sich allmählich und der Segler nahm wieder Fahrt auf. Aijis Übelkeit war einem dumpfen Gefühl im Magen gewichen. Er musste niesen. Als der bärenstarke Matrose nach einer Weile zurückkehrte, wankten hinter ihm Jussuf al'Schrait und der Dicke.

Schwarzzahn, wie Aiji den Kapitän für sich nannte, beugte sich zu dem kleinen Japaner hinunter und lallte: »Der starke Achmed meinte, er wolle dich in trockene Tücher wickeln. Hahaha! Er hat recht! Wenn du mir an Nässe und Kälte hinübergehst ins Paradies, bist du mir ja zu nichts mehr nutze.« Dann sagte er zu dem Matrosen: »Also gut, Achmed! Nimm dieses Vögelchen und sein Täubchen und trag beide in die Kammer neben meiner Kajüte. Trockne sie und halte sie mir am Leben!« Dann wandte er sich wieder Aiji zu. »Weißt du, ich will dich verkaufen, und deine kleine gefiederte Freundin füttern wir noch ein bisschen und dann … Drei Mal darfst du raten!« Aiji schluckte. Schwarzzahn grinste ihn böse an: »Dann werde ich sie mir braten! Hahaha! Rein mit ihnen, Achmed!« Der Dicke ließ ein kindisches »Hihihi!« hören. Achmed dagegen packte Aiji und Hui-Fui und trug sie hinein ins Trockene. Dem Täubchen gab er eine Handvoll Körner und ein Schälchen mit Wasser. Aiji nahm er die Fesseln ab und befahl ihm: »Hände und Füße warm reiben!« Dann griff er hinter sich, und mit: »Kimono aus! Abtrocknen! Auch die Taube! Das anziehen!« warf er dem Jungen eine viel zu große Hose und ein Leinenhemd zu. »Ist zwar nicht sauber, aber auch nicht nass!« Dann verschwand er kurz und kam bald darauf mit einem Teller Reis wieder. »Iss!«, befahl er. Und als Aiji gierig gegessen hatte, meinte Achmed: »Schlaf!« Jetzt drehte er sich um und machte die Tür hinter sich zu. Tatsächlich fiel Aiji, kaum dass die Dunkelheit ihn umfing, in einen bleiernen Schlaf, bewacht von der zärtlich gurrenden Hui-Fui.

Ein dumpfer Schmerz in seinem Oberschenkel ließ ihn irgendwann aufschrecken. Er riss die Augen auf. Vor ihm stand, die Hände in die Hüften gestemmt, Jussuf al'Schrait. Noch einmal holte er aus und trat Aiji ans Bein. »Aua!«, entfuhr es ihm, und im selben Augenblick ärgerte er sich über sich selbst, denn er wollte keine Furcht und Schmerzen zeigen. »Steh auf«, raunzte Schwarzzahn ihn an. Dann starrte er Aiji gierig auf die Brust. »Wo hast du das da gestohlen?« Er zeigte auf das Siegel des Tenno. Der Junge kam nur recht mühsam hoch, wich aber dann sofort einen Schritt zurück. »Ich habe es nicht gestohlen. Der Tenno hat es mir gegeben«, antwortete er.

»Das hat man nun davon, wenn man seine Gäste ausschlafen lässt. Sie sind wieder bei klarem Verstand und schon kommen wie selbstverständlich nur noch Lügen aus ihnen heraus.« Der Dicke lachte, und Schwarzzahn gab Aiji eine schallende Ohrfeige. »Die Stunde des Vogels hast du schon dreimal überrundet. Ich hatte dich fast vergessen, du kleiner Betrüger.« »Ich lüge nicht. Ich werde … ich bin ein Samurai!«, rief Aiji mutig.

Al'Schrait schlug wieder zu, doch jetzt mit der anderen Hand, an der er einen klobigen Ring trug. Aiji fühlte etwas Warmes aus der Nase fließen. Er blutete. Der Dicke meinte: »O! Das tat sicher weh«, und krümmte sich vor Lachen.

»Ein Samurai!«, äffte Schwarzzahn den Jungen nach, »da frage ich mich wirklich, wie es die Japaner geschafft haben, letztes Jahr Kublai Kahn abzuwehren, als er mit eintausend Schiffen über das Meer segelte, um eure kleine Insel zu besetzen – wenn die Samurai doch ein Haufen Kinder sind.« Aiji biss sich vor Wut auf die Lippen. Al'Schrait packte den kleinen Japaner am Kragen und zerrte ihn aus der Kajüte an Deck. Dann beugte er sich zu ihm hinab, sodass der Junge seinen sauren Atem roch. »Nein, du Wanze. Du bist kein Krieger. Du bist ein Dieb. Ein ganz gewöhnlicher kleiner Dieb.« Dann griff er nach dem kaiserlichen Siegel, wog es in der Hand und zog es Aiji über den Kopf vom Hals. Der Dicke hatte den Jungen festgehalten und hochgehoben. Jetzt ließ er ihn einfach fallen. Wie ein Wiesel rappelte Aiji sich aber wieder auf und wollte sich auf al'Schrait stürzen. Doch der sagte nur kurz: »Achmed!«, und schon strampelten Aijis Beine wieder in der Luft. Prüfend hob Jussuf das Siegel gegen den Himmel, kniff ein Auge zu und biss in den Rand, um seine Echtheit zu prüfen. Seine Züge hellten sich auf. »Wirklich erstaunlich. Wenn ich mich nicht irre, könnten dir für den Diebstahl dieses kostbaren Stücks beide Hände abgehackt werden. Du kannst froh sein, dass du mir über den Weg gelaufen bist und nicht den Häschern deines geliebten Tenno.« Er nickte einem anderen Matrosen zu, und ehe Aiji sich versah, hielt dieser Kerl das Wakizashi, das Kurzschwert der Familie Seikan, in der Hand. Er zog es ein wenig aus der Scheide und pfiff anerkennend. »Da, schau her. Eine echte Seltenheit«, sagte er zu al'Schrait gewandt. Das war zu viel für Aiji. Sämtliche Schimpfworte, die er kannte, brüllte er diesem Banditen ins Gesicht, was den aber nur müde lächeln ließ.

»Achmed, halte mir diese kleine japanische Tarantel bitte schön fest! Da kriegt man ja Angst.« Dem zappelnden Aiji wurde wieder der Mund zugehalten. Al'Schrait säuselte: »Weißt du, bis zu deiner Lüge dachte ich ja daran, ein hübsches Lösegeld für dich zu kassieren.« Ohne den Blick vom Wakizashi zu wenden, fuhr er fort: »Ach, wisst ihr was? Steckt doch den Bonsai-Samurai in ein Fass und werft es über Bord!« Schraubstock-Achmed hob den Jungen hoch, stopfte ihn in ein leeres Sake-Fass, das ein anderer flugs herbeigerollt hatte, und drückte Aijis Kopf nach unten. Großzügig fügte al'Schrait noch hinzu: »Gebt ihm seinen Holzknüppel mit. Vielleicht braucht er ihn zum Rudern.« Die Mannschaft johlte und kriegte sich vor Lachen nicht mehr ein. Der Kapitän überlegte kurz und böse grinsend fügte er hinzu: »Und auch einen Lederbeutel mit süßem Wasser. Ich bin ja kein Unmensch.« So geschah es.

Die Matrosen drückten Aiji in die Knie, warfen sein Bündel aus Kimono und Decke und seinen Bokuto hinterher und verschlossen das Fass mit einem Deckel und einem Eisenring. Aiji bibberte vor Angst und Wut. Al'Schrait lugte noch einmal durch ein Loch im Fass und meinte: »Es ist ja wirklich fassdunkel da drin! Schlaf wohl, o Gesandter des Tenno!« Wieder grölten alle. Dann stopfte Al'Schrait einen Korken in das Loch und mit einem »Zu-gleich!« hievten die Matrosen Aiji in seinem Fass über die Reling. Es war kein langer Weg nach unten, doch das Fass prallte hart genug auf die Wellen. Aiji schlug mit dem Kopf an und wurde ohnmächtig. Auf der »Roten Füchsin« holte Schwarzzahn Hui-Fui aus ihrem Käfig, wog sie in seinen Händen und kam zu dem Schluss: »Die kann ich lange füttern, bis sie fett wird! Und deshalb: Leb wohl, mein Täubchen, sing Herrchen ein Lied!« Dann warf er die Taube in die Luft. Und wie es Vögel so tun, wenn man sie freilässt, flatterte Hui-Fui aufgeregt davon.

Das Fass hüpfte und drehte sich auf den Wellen wie ein Korken. Und der Korken, der im Spundloch gesteckt hatte, war gleich beim Aufprall in die Weiten des Meeres geploppt.

Aiji kam durch das Auf und Ab der Wellen langsam wieder zu Bewusstsein. Zuerst schrie er verzweifelt und hämmerte gegen den Deckel. Doch dann wurde ihm bewusst, dass er ja auf dem Meer trieb und es vielleicht besser wäre, wenn sein Fass geschlossen bliebe. Durch das Loch im Fass bekam er zumindest genügend Luft. Schließlich verstummte er und sank in sich zusammen. Er war der einsamste Junge der Welt.

Als Aiji an die grausige, kalte Tiefe des Meeres unter ihm dachte und an all die schrecklichen Kreaturen, die dort wohnten und jetzt gerade vielleicht großen Appetit hatten, wurde er von Panik gepackt. Er begann hektisch zu schnaufen und zappelte wie ein eingesperrter Käfer aufgeregt hin und her. Mit einem Mal fing sein Gefängnis furchtbar zu schlingern an. Durch das Spundloch sah er mehrere Male die Meeresoberfläche. Das erschreckte ihn so sehr, dass er plötzlich ganz still wurde. Aiji presste die Hände gegen die Fasswände, um ganz ruhig zu sitzen. Dann zwang er sich, auch ruhig zu atmen. Das Fass durfte nicht noch umkippen, sonst würde er elend ertrinken wie ein Salzhering. Allmählich ließ das Schlingern des Fasses nach und bald dümpelte es wieder auf und ab. Aiji entspannte sich etwas. Wenigstens war es dicht und einigermaßen trocken, tröstete er sich. Da hörte er ein Gurren, und als er aus dem Loch blickte, sah er das ruckelnde Köpfchen von Hui-Fui, die zu ihm hereinglubschte.

»Das gibt's doch gar nicht! Hui-Fui!«, rief er. Tatsächlich: Das Täubchen war auf dem Fass gelandet und äugte zum Spundloch hinein. Aiji lachte und weinte gleichzeitig, so froh war er, wenigstens nicht mehr ganz allein zu sein. Hui-Fuis Gurren gab Aiji wieder ein kleines bisschen Mut. Doch die treue Hui-Fui würde ihn nicht retten können, so viel war klar. Er war sich der Gefahr bewusst, in der er steckte. Ach, Shunsho! Wenn der jetzt nur da wäre … Mit ihm konnte er alles teilen, auch das Leid. Doch was hätte Shunsho hier bei ihm im Fass ausrichten können? Wohl ebenso wenig wie er selbst. Wie nah sich in diesem finsteren, hoffnungslosen Augenblick die Freunde gerade waren, ahnten beide nicht.

Es war dunkel geworden, und durch das kleine Loch im Deckel fiel kein Fünkchen Licht mehr. Als wäre er im Inneren eines Walfisches, so fühlte sich Aiji. Lebendig begraben und nahezu schutzlos den Mächten des Meeres ausgeliefert, irgendwo zwischen Japan, Korea und China. Jahre konnten vergehen, ohne dass auch nur ein Schiff in seiner Nähe vorbeikam, dachte Aiji verzweifelt.

Doch nur zehn Schiffslängen entfernt segelte die Dschunke von Go-Uda an ihm vorüber. Narbengesicht und Shunsho hielten unablässig Ausschau nach der »Roten Füchsin«, was gerade immer schwieriger wurde, da sich die Nacht herabsenkte. Ein Fass war in den Wellen da schon gar nicht auszumachen, selbst wenn man es gesucht hätte.

Aiji dachte an seinen Vater. Er fühlte, wie ihm Tränen in die Augen stiegen. Würde er ihn jemals wiedersehen und seine Hände um seinen Bauch schlingen können? Ohne dass er recht wusste, was er tat, begann er zu seinen Ahnen zu beten. Masanobu sollten sie retten und Shunsho beschützen. Mehr verlangte er nicht mehr.

Vor seinem inneren Auge stellte sich Aiji den Sternenhimmel mit seiner unergründlichen Schwärze vor, übersät mit funkelnden Sternen. Wenn sie nicht mehr lebte, musste dort irgendwo Simran, seine Mutter sein. Und wenn sie lebte, wo war sie dann? Erschöpft glitt Aijis Geist langsam hinüber ins Reich der Träume.

Chi-Wan

Dies war sein freier Tag. Darauf hatte Chi-Wan, ein kleiner, rundlicher Mann, bereits heute Morgen Wert gelegt, als ihn seine Frau mit allerlei dringenden Besorgungen in Beschlag nehmen wollte. »Nichts da, Weib!«, hatte er gerufen und war über seinen eigenen Mut etwas erschrocken, »heute ist mein freier Tag – und ich mache nur, was ich gern mag. Heute will und werde ich Angeln gehen, jawohl.« Chi-Wan war fest entschlossen, einen geruhsamen Tag am Meer zu verbringen, ein paar Fische zu angeln, wenn sie denn unbedingt beißen wollten, aufs Meer zu schauen und vor allem dann und wann ein Schlückchen aus dem kleinen Ziegenlederbeutel zu nehmen, den er sorgsam an einem Riemen um den Hals trug.

So saß er wenig später zufrieden mit sich und der Welt auf einem Schemel am Strand. Seine Langangel lag mit dem Griff im Sand und ragte, gestützt von einer Astgabel, ins chinesische Meer. Die Schnur mit dem Korken und den Haken dümpelte im knietiefen Wasser. An das untere Ende der Schnur hatte er einen Stein gewickelt, der sie wie ein Anker an einer Stelle hielt. Gerade als er sich einen wohlverdienten Schluck genehmigen wollte, blieb ihm kurz davor der Mund offen stehen. Direkt vor ihm, keinen Steinwurf entfernt, schaukelte im seichten Wasser ein recht großes Fass. Und das sah genauso aus wie jenes, aus dem er sich gestern Abend seinen Ziegenlederbeutel mit Reiswein gefüllt hatte. Auf diesem Fass saß eine ruckelnde, gurrende Taube, die ihn anzuglotzen schien und dabei aufgeregt mit den Flügeln schlug.

Chi-Wan rieb sich die Augen. Träumte er? Oder hatte er wirklich schon so viel getrunken? Aber was er dann hörte, ließ ihn ehrlich an seinem Geisteszustand zweifeln: Das Fass sang! Einige Wörter wehten zu ihm herüber. Und die klangen japanisch. Denn Aiji, der wieder aufgewacht war, sang gerade ein Lied, das er von Kitaro, dem Wasserträger, aufgeschnappt hatte. Und das ging so:

»Es drückt so schwer der Eimer Last.
Die Hände voller Schrunnen.
Die Schulter schmerzt, das Herz, es rast,
kehrst du zurück zum Brunnen.
Doch wenn ein Loch im Boden ist,
so willst du es gleich stopfen.
Dein letztes Hemd, das gibst du her
für einen guten Pfropfen.
Und ist dein alter Eimer dicht,
dann strahlst du voller Glück
und kehrst bald wieder, kehrst bald wieder
zum Brunnenrand zurück.«

Chi-Wan stöhnte auf. An seinem freien Tag ein japanisch singendes Weinfass mit einer Taube darauf, das vor seiner Nase im Meer dümpelte – das konnte nicht mit rechten Dingen zugehen. Das musste er kontrollieren, freier Tag hin, freier Tag her. Unter Ächzen, Stöhnen und Meckern rappelte er sich auf und schob seinen geliebten Ziegenlederbeutel am Riemen auf den Rücken. Dann krempelte er sich umständlich die Beinlinge hoch, stakste fluchend in die eiskalte Gischt und schob das Fass vor sich her zum Strand. Er musste wissen, was da drinnen sang. Also lief er schnell zu seinem Karren, um Werkzeug zu holen. Dann kippte er das Fass auf die Seite. »Aua!«, rief es hell, aber dumpf daraus hervor. Chi-Wan machte einen Schritt zurück, dann traute er sich doch wieder vor und setzte einen groben Meisel an den Rand des Deckels. Schon beim ersten Schlag brüllte das Fass: »Aua! Hört auf!«

Chi-Wan hüpfte wieder einen Schritt zurück: »Da wird doch der Drache im Wok verrückt!« Vorsichtig klopfte er mit dem Fingerknöchel am Deckel an. »Hallo? Wer bist du?«

Von drinnen fragte es zurück: »Und du?«

Statt zu antworten, fragte Chi-Wan weiter: »Bist du ein Geist aus Fengdu?«

»Was ist Fengdu?«, kam es aus dem Fass.

»Na, die Stadt der Geister und Dämonen«, klärte der kleine Chinese den Fassbewohner auf.

»Wer immer du bist da draußen, bitte mach auf!«

»Nun gut!« Chi-Wan setzte erneut den Meißel an, um den vermeintlichen Geist an die frische Luft zu lassen. Doch halt! Vielleicht sollte er sich etwas wünschen? »Also gut, Geist, ich lasse dich raus!«, rief er, »auch wenn heute mein freier Tag ist, aber ich wün …« Weiter kam er nicht. Mit einem lauten »Plop« flog der Deckel des Fasses weg. Zum Vorschein kam zuerst ein kleiner Fuß und dann ein ganzer Junge.

Chi-Wan schrie spitz auf und machte zwei Sätze rückwärts. Seine Furcht wandelte sich jedoch schnell in Neugier: Der Kleine sah zu erbärmlich aus. Das Haar zerzaust, die Augen verquollen, so streckte er sich in stinkigen zu großen Hosen und Hemd im Sand aus und reckte seine Glieder.

»Was ist nun meine Belohnung, Stinkegeist?«, fragte der Chinese.

»Mein ewiger Dank, mein Herr«, flüsterte Aiji, »ihr habt mich gerettet. Habt ihr etwas zum Trinken für mich? Meine Kehle schmerzt vor Durst.«

Instinktiv fuhr Chi-Wans Hand zu seinem Weinbeutel, den er wie einen Säugling an seine Brust presste: »Natürlich! Hier! Aber nicht alles auf einmal!«

Aiji sog gierig an dem Weinbeutel und musste sofort husten. Bisher hatte er erst einmal einen winzigen Schluck Reiswein getrunken bei den Ritualen, die Onkel Kiyoshi und sein Vater für die Ahnen abhielten. »Danke!«, sagte er rau. »Wer seid Ihr, mein Retter?«

Chi-Wan vollführte eine zierliche Verbeugung. »Chi-Wan, zweiter Lagermeister im Haus des ehrwürdigen und weisen Kaufmanns Dai-Lai. Und dies hier«, Chi-Wan deutete auf das Fass, »gehört meinem Herrn. Daher frage ich mich gerade, wie ein so kleiner Geist ein so großes Fass leertrinken und danach damit auf dem Meer spazieren fahren kann?«

Aiji war kurz sprachlos, aber dann musste er so lachen, dass sein Retter ganz beleidigt schien. Offensichtlich war dieser Chi-Wan zwar ein netter Kerl, aber nicht ganz so hell im Oberstübchen. »Erstens: Ich bin kein Geist. Zweitens: Ich wurde von Schmugglern entführt, in dieses Fass gesteckt und über Bord geworfen, Herr Chi-Wan«, erklärte Aiji und verbeugte sich nun selbst so tief er konnte.

»Also bist du kein kleiner Geist und ich kann mir nichts wünschen?«, fragte er.

»Nein!«, entgegnete Aiji, »und ich bin froh, kein Fass- oder Flaschengeist zu sein, weil es da drin eng ist, furchtbar eng!« Chi-Wan strahlte: »Wir fahren zum Dai-Lai. Er in seiner Weisheit weiß sicher, ob du lügst oder die Wahrheit sprichst. Steig auf meinen Wagen!«

»Dai-Lai? Wer ist das?«, fragte Aiji.

»Ach, das ist mein Herr und Meister! Der größte Kaufmann von Shanghai!«, sagte Chi-Wan.

»Shanghai?« Der Junge starrte den Chinesen an. Dann warf er einen Blick gen Himmel. Da zog sie hin, die Sonne, ungerührt und unbeirrt auf ihrer Bahn, um sich am Abend irgendwo dort hinterm Horizont zum Schlafen zu legen. Dort, wo sie ihr Strahlenhaupt auf die Erde legte, hoffte er sie zu finden, um sie zu bitten, immer im Garten des Tenno Go-Uda zu scheinen. Wann und ob ihm das überhaupt gelingen würde, wusste er nicht. Heute jedoch schaffte er das sicher nicht mehr.

Doch nun wusste er wenigstens ungefähr, wo er war, nämlich irgendwo im Delta des Jangtsekiangs.

»Pack deine Sachen, wir fahren!«, meinte Chi-Wan. Und während Aiji sein Bokuto und seine übrigen Habseligkeiten aus dem Fass zerrte, räumte der kleine Dicke sein Angelzeug zusammen. Dann hoben sie gemeinsam das Fass auf den Karren. Chi-Wan rief: »Hü, Marco, zieh!«, und das war der einzige Befehl, den der dürre Ochse an den der Deichsel zu hören bekam – kein Brüllen, kein Zerren, kein Peitscheschwingen. Der Ochse gehorchte.

»Marco? Was ist das für ein seltsamer Name?«, fragte Aiji. Jetzt sprudelte Chi-Wan los: »Ach, Marco! So heißt ein junger Mann aus dem fernen Italien – das liegt mitten in Venedig«, erklärte Chi-Wan mit gewichtiger Stimme, als wäre er der Obergeograf persönlich. »Er wohnte mit seinem Vater eine ganze Zeitlang bei unserem Kaiser, dem ehrwürdigen Shizu! Ich war bis vor Kurzem Pflasterer für die Prachtstraßen in Dadu, das viele auch Beijing nennen. Da ist er mir öfter begegnet, weißt du, kleiner Krieger? Marco kam einmal sehr in Bedrängnis, als eine Bande von Straßenjungs ihn fürchterlich verhauen wollte. Sie dachten, ich würde sie gewähren lassen, weil ich auch Chinese bin und außerdem nur ein dummer Steinhauer. ›Langnase, Angsthase, wir hauen dir ne Stupsnase!‹, riefen sie im Chor und kreisten ihn ein. Aber sie rechneten nicht mit Chi-Wan, dem Retter der Entrechteten und Beschützer der Schwachen, der Witwen und Waisen! Noch ehe sie zuschlagen konnten, sprang ich mit Hammer und Meißel dazwischen und drohte, sie von unten bis oben mit blauen Flecken zu beglücken. Wie die Tauben stoben sie auseinander!« Chi-Wan war sehr zufrieden mit sich und schwieg eine Weile in Gedenken an seine vollbrachten Heldentaten. »Weißt du, die ganze Geschichte hat Marco dem Kaiser erzählt, und dann wurde ich von ihm persönlich empfangen und ausgezeichnet. Du musst wissen, unser hochverehrter Kaiser ist ein weiser Mann, der allen Fremden gegenüber freundlich und aufgeschlossen ist. Deshalb musst du keine Angst haben, obwohl du, wenn schon kein Geist, dafür aber ein Japaner bist. Er hat mich zum Haus- und Hofpflasterer von Dai-Lai, seinem Jugendfreund, gemacht, der als reicher Kaufmann und Berater des Kaisers hier ein gerechtes Dasein führt. Und als der Dai-Lai merkte, was für ein tüchtiger Kerl ich bin, hat er mich zum zweiten Lagermeister bestellt. So ist es, kleiner Fassgeist, und deshalb heißt mein Ochse, der auch eine sehr schöne lange Nase hat, Marco. Wie mein langnasiger Freund.« Aijis Magen knurrte so laut, dass Chi-Wan aufschreckte und schrie: »Tiger!«

Aiji winkte müde ab: »Nur Drachenhunger.«

»Ah – da hab ich was für dich!«, flötete Chi-Wan, zog seinen Proviantbeutel hervor und breitete vor seinem Gast auf der Pritsche des Ochsenkarrens zahllose Köstlichkeiten aus. Aiji machte sich gierig über das Essen her – er konnte sich gar nicht mehr erinnern, wann er das letzte Mal etwas zu sich genommen hatte. Schließlich bogen sie um einen kleinen Hügel und vor ihnen öffnete sich eine Ebene mit einem Meer von Häusern. Aiji musste blinzeln, so blendete ihn das Sonnenlicht, das sich wohl in Hunderten vergoldeter Kuppeldächer spiegelte. »Das«, sagte Chi-Wan stolz, »ist Shanghai.«

Der Dai-Lai

Als sie das große Stadttor passierten, wo ein freundlicher Wächter Chi-Wan lachend mit Namen begrüßte, wusste Aiji, dass er hier mit großer Sicherheit Menschen finden würde, die ihm weiterhalfen. Und er wunderte sich, wie es sein konnte, dass zu Hause so viele nette Menschen wohnten – aber hier in China auch. Und dass sie trotzdem Krieg gegeneinander führten.

Der Trubel, der in der Stadt herrschte, riss ihn aus seinen Gedanken. Tatsächlich gab es kaum jemanden, der Chi-Wan nicht kannte. Von überallher wurde ihm zugerufen, und er grüßte lächelnd und geduldig zurück. Ein Obsthändler kam vorbei, schenkte ihnen zwei Äpfel, und der Ochse Marco bekam eine Birne. Ein Wasserträger lief ihnen mit vollen Bechern entgegen, und Chi-Wan und Aiji nahmen das kühle Nass dankbar an. Aiji kam aus dem Staunen nicht mehr heraus. Jeder schien jeden zu kennen und ging respektvoll und freundlich mit dem anderen um. »Nicht nur die Dächer sind golden«, dachte Aiji, »auch die Herzen derer, die darunter leben.« Da blieb Marco, der Ochse, von sich aus stehen. »He-he-he! Wir sind wohl da!«, stellte Chi-Wan fest und stieg vom Karren.

Sie standen vor einem prachtvollen Tor. Links und rechts davon waren zwei uniformierte Wächter postiert. Chi-Wan raunte Aiji zu: »Die beiden hier sind ein Geschenk des Kaisers an Dai-Lai. Trotzdem kapieren die nicht, dass man mit Höflichkeit weiterkommt. Jetzt schau dir mal an, wie unverschämt die grinsen. Echte Pekinesen eben!«

Das, was jetzt folgte, wollte so gar nicht zu dem passen, was Aiji eben noch auf den Straßen beobachten konnte. Denn Chi-Wan fuhr plötzlich empört einen der beiden Wachen an: »Was grinst du so dämlich, Sohn einer Schwarzpulverhändlerin? Ich habe auf meinem Karren den letzten lebenden Zeugen vom Überfall auf die Dschunke Dai-Lais, und du hirnlose Drachenschuppe stehst da wie aus Stein. Soll ich dich mit meinem Meißelchen bearbeiten, oder öffnest du freiwillig das Tor?«

Die Wache erschrak heftig und riss das Tor mit solchem Schwung auf, dass sogar Marco, der Ochse, kurz den Blick hob. Da rastete Chi-Wan völlig aus: »Bist du von allen guten Geistern verlassen, meinen Ochsen fast an den Rand des Wahnsinns zu bringen? Willst du, dass er mir durchgeht und Shanghai in Trümmer legt? Und Dai-Lais Gast erst! Er ist ja so bleich, dass ich Angst habe, sein Herz bleibt stehen!« Dann beugte er sich zu dem kleinen Japaner hinunter und flüsterte: »Wie heißt du eigentlich, kleiner Krieger?«

»Aiji!«, antwortete Aiji.

»O, wie poetisch!«, lächelte Chi-Wan entzückt. Doch gleich darauf verfinsterte sich seine Miene wieder und er brüllte den anderen Wachposten an: »Und du, bei dem ich Lust kriege, ihm das

Grinsen aus dem Gesicht zu pflücken, warum flitzt du nicht los und meldest dem ehrenwerten Dai-Lai die Ankunft des verehrungswürdigen Aiji-San aus dem fernen … äh?

»Kyoto«, flüsterte Aiji.

»Japan!«, schrie Chi-Wan den Uniformierten an. Wie ein Blitz sauste der Mann los.

Zu seinem Ochsen gewandt, säuselte Chi-Wan plötzlich zuckersüß: »Marco, zieh uns bitte in den Hof!«

Kaum stand Marco mit seiner Fracht hinter dem nun geschlossenen Portal, erklang ein Zimbeln und Schellen, begleitet von Tamburinen. Aus dem Schatten der Palmen im Hof tauchte eine kleine Gesellschaft auf. Vorneweg ging ein großer, schlanker, sehr elegant gekleideter Herr in chinesischer Tracht. Aiji schaute ihm vom Karren herunter gespannt entgegen. Der vornehme Mann hielt direkt neben ihm und verbeugte sich: »Ehrenwerter Aiji, darf ich mich vorstellen? Mein Name ist Dai-Lai! Die Wache hat mir schon erzählt, was Euch widerfahren ist. Ihr habt den Überfall auf meine Dschunke überlebt und die Räuber gesehen. So betrachtet Euch als Ehrengast in meinem bescheidenen Haus. Kommt! Ich helfe Euch vom Karren!« Und damit reichte er Aiji seinen Arm. Der Junge war ganz stumm vor Staunen und ließ alles mit sich geschehen.

»Bevor Ihr mir jedoch mehr berichtet, kleiner Krieger, ruht Euch nach einem warmen Bad erst einmal eine Nacht lang aus!«, sagte Dai-Lai, »Ihr habt schwere Tage hinter euch. Meine Damen werden Euch mit allem weiterhelfen.«

Und schon kamen zwei Dienerinnen heran, die den noch immer sprachlosen Aiji in ihre Mitte nahmen und ihn sanft fortführten. Dai-Lai winkte freundlich und rief ihm nach: »Bis zum Morgen!« Aiji drehte sich dankbar lächelnd noch einmal um – und schaute geradewegs in die wunderschönen Augen eines etwa gleich alten Mädchens, das sofort hinter dem weiten Mantel Dai-Lais verschwand. Ihm war für einen kurzen Moment eigenartig flau im Magen – ein angenehmes, wenn auch vollkommen unbekanntes Gefühl. Die beiden Dienerinnen zogen ihn jedoch mit sich in den Palast hinein, ehe er noch weiter darüber nachdenken konnte.

Sie durchquerten nun Gänge, Hallen und Zimmer von großer Schönheit und Harmonie und betraten am Ende ein Schlafgemach. Es war nicht groß, aber hoch. Die Wände waren bemalt mit lieblichen Landschaften, der Boden bedeckt mit kostbaren Teppichen, und an der Decke schien über Aiji ein luftiger Baldachin aus blauer Seide zu schweben, in den mit silbernen Fäden Sterne und Mond gestickt waren. Mitten im Raum stand ein großes, breites Bett, auf dem Dutzende Kissen verschiedener Größe lagen. Da sollte er schlafen? Bisher hatte er immer auf seiner harten, aus Reisstroh geflochtenen Matte gelegen. Aber Aiji fühlte sich magisch angezogen von diesem weichen Lager. »Wenn Ihr wollt, Ehrenwerter, werden wir Euch vorher reinigen und für die Nachtruhe vorbereiten«, bot ihm eine der beiden Frauen an.

Aiji brannten zwar schon die Augen vor Müdigkeit, doch er ließ sie gewähren. So umhegt und beschützt fühlte er sich, dass er sich sogar ausziehen und in ein Bad stecken ließ. Wunderbare Düfte umwehten ihn, als die Mädchen ihn wuschen. Nach dem Abtrocknen wurde er in ein seidenes Gewand gehüllt. Und gleich darauf umfingen ihn warm und weich die Daunen seines Himmelbettes. Er konnte gerade noch denken: »Vater, ich schaff es!«, da war er auch schon eingeschlafen.

Bei Masanobu

In Kyoto war Masanobu aus seinen Fieberträumen erwacht. Die Dame Beniko und der Leibarzt hielten wieder einmal Krankenwache an seinem Lager. Der alte Samurai, der aufrecht sitzend mit dem Rücken an der Wand lehnte, schlürfte eine Gemüsebrühe und betrachtete nachdenklich die Bettdecke. Darunter sollte eigentlich neben seinem gesunden linken sein rechtes Bein liegen. Aber das Laken lag flach darüber. Mit brüchiger Stimme flüsterte der Samurai: »Wenn dies nun mein Bushido, mein Weg, ist, so werde ich ihn gehen. Nehmt es mir nicht übel, denn ich bin Euch sehr dankbar, Hanato-San, und auch Euch, Dame Beniko, aber wenn der Weg meines tapferen Aiji vorzeitig und gewaltsam zu Ende sein sollte, weil Go-Uda ihn in ein solch gefährliches und unsinniges Abenteuer schickte, dann wird wohl auch mein Weg zu Ende sein. Solange jedoch Ungewissheit darüber herrscht, wohin es meinen Sohn getrieben hat und ob er tot oder lebendig ist, werde ich alles dafür tun, um wieder gesund zu werden. Stets in der Hoffnung, Aiji eines Tages wieder in meine Arme schließen zu können.«

Die Dame Beniko erwiderte: »O ehrenwerter tapferer Masanobu-San. Unser bester Krieger wurde ohne Wissen des Tenno zum Schutze Aijis an seine Seite gestellt. Aiji denkt, der Soldat wird in Obama wieder umkehren. Aber ich stattete den, den wir nur den Narbigen nennen, gut aus, sodass er Eurem Sohn wie ein Schatten folgen kann. Macht Euer Herz frei von Wut. Aiji ist beschützt. Go-Uda bereut seinen unvernünftigen Befehl und bittet um Vergebung. Er will Aiji nach seiner Rückkehr reich belohnen und ihn zum jüngsten Samurai der Insel schlagen.«

»Zum jüngsten Samurai? Verzeiht, verehrte Dame Beniko, aber alles Entschuldigen und Belohnen ist nutzlos, wenn …« Betrübt verstummte er. Und auch die anderen beiden verharrten im Schweigen.

Die Befragung

Die Sonne kitzelte Aiji an der Nase und weckte ihn. Er roch süßes Brot und Orangentee. Als er sich reckte und die Augen langsam aufschlug, blickte er in das freundliche Gesicht Dai-Lais: »Guten Morgen, tapferer Aiji-San! Ich sterbe vor Ungeduld!«

»Guten Morgen, ehrenwerter Dai-Lai!«, antwortete Aiji und gähnte herzhaft.

»Ich habe Euch Euer Frühstück gleich mitgebracht, damit Ihr bequem im Bett essen könnt, während Ihr mir erzählt, was geschehen ist. Sagt, Aiji, wie kommt Ihr dazu, in einem meiner Fässer an unsere Küste zu reisen?«, fragte Dai-Lai ihn als Erstes.

»Bei all meinen Ahnen, natürlich nicht freiwillig, großer Dai-Lai!«, sagte Aiji und konnte ein Lächeln nicht unterdrücken, als er an seinen Retter dachte. »Verzeiht, oh Dai-Lai. Wie geht es Chi-Wan?«

»Chi-Wan habe ich fürstlich belohnt und ihm noch dazu die Stelle des ersten Strandwächters gegeben – wo er doch so gerne angeln geht.« Beide lachten herzhaft. Dann erzählte Aiji kauend und schmatzend seine ganze Geschichte, angefangen bei der Krankheit seines Vaters bis zu seinem Auftrag.

»Verzeih!«, unterbrach ihn Dai-Lai, »aber es ist schon eine originelle Idee eures Herrschers, ein nahezu gleichaltes Kind mit solch einem ungewöhnlichen Auftrag zu betrauen und es auf eine so gefährliche Reise ins Unbekannte zu schicken. Unser ehrenwerter Kaiser Shizu, der Enkel des Dschingis Khan, hätte wohl eine Expedition mit den besten Gelehrten und erfahrensten Kriegern zu eurem Schutz losgeschickt. Aber ich habe Euch unterbrochen, erzählt weiter!«

Das tat Aiji. Als er zur Schmugglerdschunke kam und zur Bande Jussuf al'Schraits, unterbrach ihn sein Gastgeber noch einmal. »Erschreckt bitte nicht«, sagte er und schnippte dann mit den Fingern. Aus dem Schatten der Vorhänge traten vier Männer hervor.

»Dies sind meine beiden Schreiber und meine beiden Zeichner. Sie verstehen sich blendend auf Poesie und Farben. Doch fast noch besser auf das Festhalten von Erzählungen in Schrift und Bild. Und nun sprecht bitte weiter.«

Aiji bemühte sich sehr, nichts auszulassen. Dai-Lai nickte ein ums andere Mal, dann meinte er: »Meine Leute haben die ganze Zeit aufmerksam zugehört, mitgeschrieben und skizziert. Schaut Euch bitte einmal die Portraits von Jussuf al'Schrait und seiner Bande an.«

Aiji staunte nicht schlecht. Er erschrak fast, als er die Zeichnungen sah, die man nach seiner Beschreibung angefertigt hatte, so ähnlich waren sie den wirklichen Personen. Ein paar Dinge fielen Aiji noch auf, die die Zeichner ändern mussten. Doch nach ein paar Korrekturen wiegte er den Kopf und meinte abschließend: »Ja! Das ist Jussuf al'Schrait, das ist der Dicke, das ist Achmed, und auch die anderen sind sehr gut getroffen!«

»Nun denn!« Dai-Lai erhob sich. »Dann kopiert diese Portraits, hängt sie an jeden Baum und jede Pforte in China und lasst sie uns jagen!«

»Du bist ein sehr mächtiger Mann, ehrenwerter Dai-Lai, oder?« fragte Aiji ehrfurchtsvoll.

»Ach, weißt du, kleiner Krieger, Macht ist nur so lange gut, wie sie den Menschen dient. Sagen wir: Ich bin ein glücklicher Mann, und ich möchte meine Macht dazu nutzen, auch die übrigen Menschen meines Volkes glücklich zu machen.«

Aiji schaute ihn lange an und fragte dann schüchtern: »Hat das Mädchen, das sich gestern hinter deinem Rock versteckte, auch mit deinem Glück zu tun?«

Dai-Lai schmunzelte. »Sie ist mein größtes Glück, kleiner Krieger!« Dann sagte er laut: »Zeige dich bitte, meine Tochter.« Eine tapetenverkleidete Tür in der Wand tat sich auf. Aus ihr trat ein Mädchen, etwas kleiner als Aiji, und flötete: »Guten Morgen, tapferer Aiji!«

Dai-Lai sagte: »Das ist Hei-Mi! Meine Tochter und der Stern meines Lebens!«

»Begleitest du mich in den Garten, kleiner Krieger?«, fragte sie. Ihre glockenklare Stimme bezauberte Aiji. Stumm und staunend nickte der kleine Japaner. Die Sorgen um seinen Vater und die anstrengende Suche nach dem Schlafplatz der Sonne, die ihm bei seiner Erzählung am Morgen wieder so heiß in den Sinn gekommen waren, hatten sich plötzlich in Luft aufgelöst. Er wünschte sich nichts mehr, als zusammen mit Hei-Mi den Tag zu verbringen, beschützt vom mächtigen Dai-Lai.

Und das taten sie dann auch. Nach wundervollen Stunden voller Lachen und Spielen in den Gärten des Palastes hörten sie silberhelle Glocken und die warme, tiefe Stimme der Köchin: »Dai-Lai, Hei-Mi, Aiji! Das Essen ist fertig!« Die Kinder stürmten in die Küche. Kurz darauf trat auch Dai-Lai ein und verkündete: »Heute speisen wir am Herd von Siu-Pan, dem besten Hausgeist, den man sich denken kann.« Siu-Pan, die dicke Köchin, drohte ihm schelmisch mit einem großen Suppenlöffel. Da eilte ein Diener herein und flüsterte Dai-Lai etwas ins Ohr. Er erhob sich in aller Ruhe und meinte: »Es tut mir leid, unser Plaudern noch vor dem Abendmahl abbrechen zu müssen, meine Kinder, aber Aiji, Eure Beschreibungen der Bande führen uns scheinbar schneller ans Ziel, als erwartet. Jussuf al'Schrait liegt mit seiner Dschunke offenbar in einer kleinen Bucht nicht weit von unserer schönen Stadt. Möchtet Ihr mit uns reiten? Es wäre mir eine Ehre, Euch bei seiner Festnahme neben mir zu wissen.«

»Nur zu gerne nehme ich Eure Einladung an, werter Dai-Lai!« Aiji war ganz aufgeregt.

Dann wandte er sich an Hei-Mi. »Bitte sei nicht böse, wenn ich deinen Vater begleite.«

»Ach, Aiji« antwortete sie, »ich werde doch auch dabei sein. Weißt du, Vater unternimmt fast alles nur noch mit mir zusammen. Er sagt, so würde ich am meisten lernen.« Dann schaute sie den großen Dai-Lai grinsend an und rief: »Avanti ragazzi!«

»Was?«, fragte Aiji erstaunt.

»Das hab ich von Chi-Wan gelernt, Aiji, und der hat es von Marco Polo aus dem fernen Venedig. Es bedeutet wohl: Auf geht's, Freunde!«

Die Verhaftung der Schmugglerbande

Dann liefen sie zu dritt los Richtung Pferdestall. Hei-Mi umarmte einen Schimmel, der freudig seinen Kopf senkte. Auf einen kurzen Pfiff Dai-Lais trabte ein Rappe leise wiehernd auf seinen Herren zu. Chi-Wan hatte seinen Ochsenkarren gegen eine breite Stute eingetauscht. Und Aiji? Der sah plötzlich in die braunen Augen einer kleinen gefleckten Stute, die sich zärtlich schnaubend seinem Ohr näherte.

»Das ist Hoppe-Li, ehrenwerter kleiner Krieger!« Dai-Lai saß schon im Sattel. »Hoppe-Li mag dich! Ich denke, sie wird dich gerne mit uns zusammen zur Bucht bringen! Also, hinauf mit euch, es geh los!«

Wenig Augenblicke später wehte Aiji der Zopf um die Ohren. Er saß auf Hoppe-Li so sicher, als wären sie schon ein Leben lang aneinander gewöhnt. Nach einer Zeit im wildem Galopp hob Dai-

Lai plötzlich den Arm und rief: »Nach der nächsten Düne sind wir da! Lasst uns auf der Kuppe Halt machen!«

Welch ein Anblick bot sich ihnen, als sie gleich darauf von oben in die Bucht hinuntersahen! Die Schmugglerdschunke war eingekreist von etlichen kleinen wendigen Booten, die mit bis an die Zähne bewaffneten Kriegern besetzt waren. Auf der Dschunke standen die Schmuggler und waren schon in Fesseln gelegt worden. Al'Schrait schaute finster vor sich hin.

Gerade wurden die Banditen in zwei Ruderkähne bugsiert und zum Strand verfrachtet, wo zwanzig weitere Soldaten auf sie warteten. Dai-Lai und Aiji waren von ihren Pferden abgestiegen, und der kleine Krieger erklärte ihm gerade, wer in dieser Truppe welche Rolle spielte, als Hei-Mis Schimmel vor einer giftigen Schlange, einer Sandviper, so erschrak, dass er sich aufbäumte und im nächsten Augenblick mit seiner Reiterin auf dem Rücken die Düne hinunter raste. Einer der Soldaten warf sich dem Pferd sofort heftig in die Zügel. Zu heftig! Hei-Mi flog in hohem Bogen herunter und landete auf ihrem Hosenboden – direkt zu al'Schraits Füßen im Sand. Der ergriff die Gelegenheit: Mit einem Schritt trat er aus der Reihe, packte Hei-Mi mit seinen Fesseln um den Hals und brüllte: »Das Leben dieser kleinen Hochwohlgeborenen gegen meine Freiheit!«

Dai-Lai konnte gar nicht so schnell schauen wie Aiji das Schwert des Kaufmanns aus dessen Sattelfutteral gezogen hatte und losstürzte, die Waffe wie eine Lanze vor sich haltend. Er brüllte derart laut, dass Jussuf al'Schrait verdutzt seinen Griff um Hei-Mis Hals lockerte. Ein Fehler! Denn das Mädchen schnellte herum wie ein Wirbelwind, trat dem Banditen heftig ans Bein und in den Hintern und schlug mit den Fäusten mitten auf seine große, krumme Nase. Zum Schluss gab sie ihm noch eine schallende Ohrfeige. Der große Jussuf al'Schrait ging in die Knie und schrie um Hilfe.

In diesem Augenblick stand Aiji vor ihm, die Schwertspitze am Hals des Schmugglers und bereit, ihn sofort ins Jenseits zu befördern. Da legte sich sanft die Hand Dai-Lais auf seine Schulter: »Tapferer Aiji! Ich verstehe deine Gefühle! Aber zügle dich! Diese da haben Leben auf dem Gewissen! Sie haben ihre Seelen dem Bösen verkauft! Du bist anders!« Der Junge ließ die Waffe sinken, nickte und verbeugte sich. Sein Vater kam ihm in den Sinn. Masanobu hätte sich sicher gut mit Dai-Lai verstanden. Und eines Tages, so schwor er sich, sollten die beiden weisen Männer sich kennenlernen!

Zwei Krieger rissen den Schurken Al'Schrait auf die Füße, und der Tross mit den Gefangenen setzte sich Richtung Shanghai in Bewegung.

Hei-Mi schlang ihre Arme um Aiji und flüsterte ihm ins Ohr: »Du wunderbarer kleiner Krieger hast mich gerettet! Das werde ich nie vergessen! Mein Herz gehört dir!«

»Hei-Mi! Erstens hast du dich selbst befreit und … und … äh … Hei-Mi … äh … ich muss weiter«, stotterte Aiji. Dann schüttelte er sich und sagte stolz: »Ich habe einen Auftrag. Wenn ich den nicht erfülle, wird mein Vater sterben.« Damit befreite er sich aus ihrer Umarmung. »Weißt du, wo sich die Sonne schlafen legt?«, fragte er Hei-Mi. Erleichtert atmete Aiji auf. Er hatte geschickt das Thema gewechselt. Hei-Mi antwortete traurig: »Ja, natürlich! Dort!« Und deutete in Richtung Westen.

Die Augen des Löwen

Am Abend lud Dai-Lai die beiden Kinder in ein großes Zimmer im Palast ein, in dem sich der Kaufmann am liebsten aufhielt, das aber die wenigsten je betreten durften. Es war sein privater Speiseraum. In der Mitte war eine offene Feuerstelle eingelassen, über der ein großes Loch hoch oben in der Kuppel gähnte, aus dem der Rauch abziehen konnte. Um die Feuerstelle herum standen herrliche Diwane, bezogen mit kostbaren Stoffen. Der intensive Geruch von feinen Gewürzen und Blumen aus aller Welt wehte durch das von tausend Kerzen erhellte Gemach.

»Meine Kinder!«, begann Dai-Lai, »bevor wir von Siu-Pan endlich mit Köstlichkeiten eingedeckt werden, möchte ich euch sagen, wie stolz ich auf euch beide bin. Aiji, mein kleiner ehrenwerter Krieger, du bist mir in den wenigen Stunden, die wir uns nun kennen, fast wie ein Sohn ans Herz gewachsen. Und du, meine Hei-Mi, beweist mir jeden Tag aufs Neue, welch edle Seele in dir wohnt. Zu meiner Freude ist in der Zwischenzeit überraschenderweise mein afrikanischer Freund Prinz Bansu eingetroffen. Wie du, Aiji, befindet er sich auf einer Reise. Nur ist er leider gezwungen, den Seeweg zu nehmen, sonst könntet ihr einander vielleicht ein Stück weit begleiten.«

Es klopfte, und Dai-Lais Diener trat ein. Auf seiner Schulter lag die mächtige Hand eines großen Mannes. Er trug ein Seidengewand, doch darüber noch ein riesiges Löwenfell. Seine andere Hand umfasste einen geschnitzten Stab aus Ebenholz, der so schwarz war wie er selbst. Prinz Bansu blickte lächelnd in ihre Richtung. Da sahen die Kinder, dass seine Augen ganz milchig waren. Prinz Bansu war blind.

Er verbeugte sich und sagte mit tiefer, sanfter Stimme: »Ich danke Euch für Eure Freundschaft und die Gelegenheit, den jungen Krieger Aiji kennenzulernen, ehrenwerter Dai-Lai. In den Gassen deiner Stadt erzählt man sich bereits von seinen Taten und lobt seinen Mut und seine Tapferkeit.«

Der Diener führte Bansu zu einem Divan, auf den er sich niederließ. Dann wandte er sich an Aiji: »Verzeih, wenn ich dich ohne Umschweife anspreche, kleiner Krieger. Auch ich war ein tapferer Junge! Und auch ich wollte ein Retter sein. Aber ich war zu leichtsinnig und zu unüberlegt. Das hat mich mein Augenlicht gekostet.«

»Was ist passiert?«, fragte der kleine Japaner.

»Mein bester Freund und ich waren in unserer Heimat, in Afrika, auf Gazellenjagd. Als wir endlich ein Tier sahen, das in Reichweite unserer Bogen graste, vergaßen wir alle Vorsicht und merkten nicht, dass wir dabei dem größten Raubtier unseres Landes, einem riesigen Löwen, in die Quere gekommen waren. Aus einem Gebüsch heraus stürzte er auf uns zu und riss meinen

Freund um. Er wollte ihm mit seiner mächtigen Pranke einen furchtbaren Hieb versetzen, da griff ich ihn, ohne zu überlegen, mit meinem Speer an. Er ließ von meinem Freund ab und stürzte sich auf mich. Alle Götter waren wohl bei mir, denn der Löwe landete in seiner Raserei direkt in meiner Lanze und spießte sich auf. Aber sein Gewicht schleuderte mich nach hinten, und ich fiel mit dem Kopf gegen einen Stein. So heftig, dass es mich das Augenlicht kostete. Hätte ich einen Augenblick länger überlegt, bevor ich auf den Löwen lostobte, dann könnte ich heute noch sehen.«

Ein bisschen trotzig meinte Aiji: »Vielleicht, ja. Aber wenn der Löwe eben nur auf Euer Stürmen reagiert hat, wenn ein einfaches Ablenken nicht gereicht hätte, dann wäre Euer Freund gestorben! Ich glaube, man muss manchmal etwas wagen. Sofort! Ohne nachzudenken. Zu langes Überlegen kann schwächen, und dann erreicht man nicht das, was man erreichen wollte.«

Bansu entgegnete: »Aiji, du bist sehr mutig, und ich weiß auch von deinem Auftrag, den Schlafplatz der Sonne zu finden. Was ich dir nur raten möchte, ist, über dein ganzes Abenteuer einen Bogen des Denkens zu spannen. Darunter muss man zwar manchmal blitzschnell reagieren, wie Hei-Mi bei Jussuf al'Schrait. Und insofern magst du recht haben. Ich bin jedoch nach allem, was ich bisher von dir weiß, sehr froh, dass du bei Dai-Lai und Hei-Mi eine Rast einlegst, denn glaub mir: Für das, was du vorhast, brauchst du Ruhe und Kraft.« Aiji war eigenartig angetan von den Worten des afrikanischen Prinzen.

Der fuhr fort: »Zurück zu dem Löwen! Ich habe schon oft darüber nachgedacht, was wäre, wenn ich mein Augenlicht nicht verloren hätte. Ich glaube, meine Ahnen wollten, dass Blindheit fortan meine Gedanken und meine Sicht auf die Welt erhellen.«

»Erhellen?« Aiji verstand nicht: Wie konnte es erhellend sein, blind zu werden?

Bansu erklärte es ihm: »Natürlich! Jeder Gewinn bringt einen Verlust und jeder Verlust einen Gewinn mit sich. Wenn du zum Beispiel eine Sänfte mit Trägern gewinnst, wirst du mit der Zeit die Fähigkeit verlieren, schnell und ausdauern zu laufen, weil du dich an die Bequemlichkeit gewöhnt hast. Beim Verlustes meines

Augenlichtes wurde mir dennoch ein reicher Gewinn beschert: Die Geräusche, die Sprachen, der Rhythmus und damit auch die Musik ersetzen mir Farben und Licht, und ich begreife und sehe die Welt und was sie zusammenhält, mit inneren Augen über die Ohren!«

»Und Ihr meint«, hakte Aiji nach, »das wollten Eure Ahnen?«

»Schau! Jeder Mensch hat seine Ahnen«, antwortete der Prinz. »Sie sind nicht mehr greifbar in unserer Mitte und doch begleiten sie uns. Wenn du an sie denkst, werden sie dich leiten. Manchmal greifen sie so auch in dein Schicksal ein. Daran glaubt jedenfalls mein Volk. Und daran glaube auch ich.«

Aiji dachte an seinen Onkel Kiyosho. »Mein Volk glaubt das auch«, sagte er nach einer kurzen Stille. »Mein Onkel ist Priester des Shinto. Wann immer wir Hilfe und Beistand brauchen, ruft er unsere Ahnen an. Aber viele glauben auch an Buddha. Mein Vater …« Aiji stockte. Er schämte sich, weil er plötzlich merkte, dass er über all die Herrlichkeiten im Haus des Dai-Lai Masanobu fast vergessen hatte. Und dann dachte traurig: »Ja, Prinz Bansu hat recht. Jeder Gewinn trägt einen Verlust in sich.«

Marco Polo

Die Tür sprang auf und ein junger Mann stürmte herein, der ganz ungestüm Dai-Lai und Hei-Mi in die Arme flog.

»Marco!«, rief der Kaufmann fröhlich. Und Hei-Mi lachte laut. »Mein großer weißer Bruder Langnase!«, neckte sie ihn. Prinz Bansu grinste über beide Ohren und sagte leise zu Aiji: »Ich bin glücklich, nun einen tapferen Krieger von der Insel der aufgehenden Sonne zu kennen, Aiji, aber lass uns bitte unser interessantes Gespräch ein anderes Mal fortsetzen. Begrüße mit uns Marco Polo!«

Der junge Mann, der so begeistert empfangen wurde, war wohl doppelt so alt wie der kleine Japaner, hatte aber einen ebenso offenen Blick und neugierige Augen. Als er Aiji sah, verbeugte er sich: »Du muss der junge Krieger von der Insel der aufgehenden Sonne sein, der Retter von Hei-Mi – allein deshalb bin ich dir ewig verbunden.«

Aiji war ganz überrascht von der Herzlichkeit dieses Marco Polo, denn außer von seinem besten Freund Shunsho war er es nicht gewohnt, dass jemand so seine Gefühle zeigte. Er verbeugte sich und entgegnete verlegen: »Und mir ist es eine Ehre, den berühmten Marco Polo aus Italien im fernen Venedig kennenzulernen.«

Die anderen im Raum stutzten. Dann schüttelten sie sich vor Lachen. Aiji war etwas beleidigt. Hei-Mi knuffte ihn in die Seite. »Umgekehrt, Aiji! Venedig liegt in Italien!«

»Aber Chi-Wan hat doch gesagt ...«, protestierte er. Dai-Lai erklärte ihm: »Chi-Wan ist ein tüchtiger Mann und zuverlässiger Lagerverwalter – bis auf den Reiswein, den er ein bisschen zu sehr liebt. Aber seine Kenntnisse über ferne Länder sind doch eher überschaubar. Er hat es wohl verwechselt und dir falsch weitergegeben.« Aiji nickte.

»Venedig ist eine große Stadt, die auf Pfählen in einer Lagune gebaut wurde, Aiji«, erklärte Marco Polo. »Es ist eine mächtige Handelsstadt. Schiffe aus aller Herren Länder bringen Waren her oder brechen mit Gütern von hier auf, damit sie woanders verkauft werden können. Einen König haben wir Venezianer nicht, aber wir wählen einen von uns zum Anführer, zum Dogen.«

Aiji lauschte gebannt den Worten des jungen Europäers. Dann fragte er: »Und zum Handeln seid ihr auch nach China gereist?«

Marco lachte. »Ja! Aber verzeih, Aiji, wenn ich mich jetzt etwas kurzfasse, sonst komme ich aus dem Erzählen heute nicht mehr heraus und wir wollen ja noch essen und lachen.«

»Aber kurz musst du es mir schon erklären!«, bat Aiji.

»Nun gut! Also: Mein Vater und meine Onkel waren als Edelsteinhändler am mächtigen Fluss Wolga entlang nach Russland gezogen. Weil dort aber überall Krieg herrschte, wichen sie immer weiter nach Osten aus, bis sie schließlich beim Großkahn Kublai landeten, der nun der Kaiser von China ist. Er ist ein guter Herrscher und in seinem Reich herrschte Frieden. Manchmal regiert er mit harter Hand, um diesen Frieden zu erhalten, aber er ist genauso berühmt für seine Toleranz und Offenheit, gerade gegenüber allen Religionen.«

Aiji kam der Mongolenkrieger in den Sinn, der seine Mutter Simran geraubt hatte. Es fiel ihm schwer, sich vorzustellen, dass der Herrscher dieser grausamen Krieger weise und gut sein sollte. Gerne hätte er Marco Polo weiter Löcher in den Bauch gefragt, aber da betrat ein Diener den Raum und flüsterte dem Dai-Lai etwas ins Ohr, der zufrieden nickte.

Aiji muss weiter

Ich habe eine gute Nachricht für dich, kleiner Krieger«, sagte der Kaufmann. »Auf der ›Roten Füchsin‹ fanden meine Männer nicht nur zahlreiche Waren, die Jussuf Al'Schrait mir gestohlen hat, sondern auch Dinge, die dir gehören und die ich dir mit Freude zurückgeben möchte.«

Wieder öffnete sich die Tür und zwei weitere Diener brachten auf roten Kissen das goldene Siegel des Tenno, den Blumensamen, der in einem Säckchen gut verpackt war, Aijis Kimono mit dem Drachen – und vor allem sein Wakizashi, das Kurzschwert der Familie Seikan. Aiji war überwältigt. Als er sich das Siegel um den Hals hängte und den Samen und das Schwert am Gürtel befestigt hatte, verbeugte er sich vor dem Dai-Lai und meinte feierlich: »Die Ahnen müssen ihre schützende Hand über mich halten, dass ich in der Fremde auf Menschen gestoßen bin, wie ich sie in der Heimat nicht besser finden könnte.«

Dai-Lai lächelte und verbeugte sich seinerseits: »Es ist mir eine große Freude, in dir, Aiji, einen jungen Freund gewonnen zu haben, mit dem ich die kluge und uralte Sitte der Gastfreundschaft pflegen kann. Mögen die Dächer meiner Häuser dir zu allen Zeiten Schutz geben, wenn du ihn brauchst, kleiner Krieger.« Dann wurde sein Ton vertraulich: »Wir alle wissen, dass du eine große Aufgabe zu erfüllen hast. Darum: Beginne deine Weiterreise morgen sehr früh. Reite an die Ufer des Jangtsekiang, des großen Gelben Flusses, und folge seinem Lauf bis hinauf in die Berge, denn die musst du überwinden, um den Schlafplatz der Sonne zu finden. Darum lasst uns heute Abend schon voneinander Abschied nehmen.«

Prinz Bansu legte seine Hand auf Aijis Schulter: »Aiji! Versprich mir, dass du dir bei deiner weiteren Reise in allen Situationen, seien sie gut oder gefährlich, ein wenig Zeit nimmst, um zu überlegen, was zu tun ist. Ich möchte dich herzlich gerne wiedersehen – und zwar gesund.«

»Und ich auch«, schloss sich Hei-Mi an. Marco Polo ergänzte: »Aiji, ich muss meinem Vater helfen, aber wir werden uns wiedersehen. Und später zeigst du mir Japan und ich dir Italien. Abgemacht?« Aiji nickte nur, so glücklich war er über die Freunde, auf die er hier im vermeintlich bösen Reich des Kublai Kahn gestoßen war.

»So haben wir beschlossen«, schaltete sich Dai-Lai ein, »dir neben deiner Hui-Fui, die sich wohlbehalten in unserem Taubenschlag ausruht, auch das Pferdchen Hoppe-Li mit auf die Reise zu geben. Denn ohne treue Freunde ist man verloren.«

Aiji standen die Tränen in den Augen. Er umarmte einen nach dem anderen. Und am heftigsten Hei-Mi. »So! Und jetzt lasst uns speisen und feiern!«, rief Dai-Lai fröhlich. Er klatschte zweimal in die Hände und im Nu wurden alle Köstlichkeiten Chinas auf großen Platten hereingebracht. So jedenfalls schien es Aiji, als er nach diesem wundervollen Abend voller Geschichten, auch über die Religion Marcos, das Christentum, und einen gewissen Jesus, müde und vollgestopft in die Kissen sank.

Schon vor Sonnenaufgang weckte ihn sein großer Freund Dai-Lai, der ihn noch einmal umarmte und ihm ein kleines Säckchen gab, in dem es hell klimperte. »Nimm dieses Geschenk bitte von mir an, junger Krieger. Nur durch dich konnten wir die Schmuggler fangen und die Waren zurückgewinnen. Du hast großen Schaden von mir abgewendet. Dieser Beutel mit Münzen sei nur ein kleiner Dank. Versteck ihn aber gut! Und hier noch etwas: Dieses Medaillon stellt dich unter den Schutz unseres Kaisers. Es wird dir Tür und Tor öffnen. Das von deinem Tenno wird dir hier nicht viel weiterhelfen. Steck es einfach in dein Bündel. Du bist hier in

China!« Dann verabschiedeten sich die beiden herzlich mit dem Versprechen, sich wiederzusehen.

Am großen Tor von Dai-Lais Anwesen stand grinsend Chi-Wan neben seinem Ochsen Marco. Auch er hatte ein kleines Geschenk für Aiji: »Hier!«, sagte er, »ein kleiner Hammer und ein Meißelchen! Falls du mal wieder in ein Fass oder so was gerätst. Pass gut auf dich auf, kleiner Geist, japanischer!« Da mussten beide grinsen. Und gekleidet wie ein chinesischer Junge ritt Aiji auf Hoppe-Li in den Tag – dem Schlafplatz der Sonne entgegen.

Aiji voraus

Der Dai-Lai hatte ihm erklärt, dass eine ausgebaute breite Straße bis zur Stadt Wuhu am Jangtsekiang führe. Bis dahin sei das Reisen recht sicher, sagte er. »Aber wenn du an Wuhu vorbei bist, musst du wachsamer sein, denn trotz Kaiser Shizus strengen Gesetzen gibt es immer noch ab und an Wegelagerer, die dort ihr Unwesen treiben und einem ans Leder wollen«, ermahnte ihn Dai-Lai. »Andererseits – ich habe noch nie einen Jungen deines Alters kennengelernt, der sich das zutraut, was du auf dich nimmst, Aiji. Daher mache ich mir kaum Sorgen um dich – eher um die Räuber, sollten dir wirklich welche begegnen.« Da lachten beide herzhaft.

Während Aiji wieder dem Lauf der Sonne folgte, machten sich auf der kaiserlichen Dschunke Shunsho und der Narbige nun schon acht Tage lang Sorgen um Aiji um. Der riesige Soldat hatte mittlerweile seine schwere Uniform gegen eine einfache Matrosenkluft getauscht. Und auch Shunsho bekam etwas gegen Regen und Gischt. Mit der Schaukelei auf See hatte er inzwischen Frieden geschlossen. Narbengesicht stand fast ohne Untebrechung am Bug und suchte den Horizont nach Jussuf al'Schraits »Roter Füchsin«

ab. In der Morgendämmerung des neunten Tages fuhren sie vor der Küste südlich von Shanghai, als der Matrose im Ausguck brüllte: »Da! Da in der Bucht liegt der Freibeuter vor Anker!« Der Narbige kniff die Augen zusammen und brüllte gleich noch lauter: »Direkt daneben ist eine kleinere Bucht! Dort gehen wir an Land!« Der Kapitän der Dschunke trat neben ihn und meinte demütig: »Verehrter … äh … das ist die chinesische Küste! Feindesland! Ein Wunder, dass uns noch niemand gesehen hat!«

»Jaja, Kapitän, ich weiß! Ist mir aber egal! Wir gehen vor Anker!«, antwortete der Narbige. Er sah seinen beiden Begleitsoldaten ins Gesicht, die ängstlich den Kopf senkten. »Tsss«, meinte er, »Shunsho wird mich an Land begleiten! Und ihr segelt zurück!« Dann säuselte er: »Aber passt bitte gut auf euch auf«, und wandte sich verächtlich ab. »Warum Shunsho?«, fragte der Kapitän.

»Ganz einfach: Er kann Chinesisch!«, antwortet der Narbige. »Aber der Junge ist gerade mal zehn Jahre alt!«, protestierte der Kapitän. »Kein Aber! Das ist ein Befehl!«, bellte der Narbige.

Eine Stunde später waren die beiden am Strand. Geduckt liefen sie auf die recht hohe Düne, die sie von der Bucht mit der Schmugglerdschunke trennte. Als sie oben ankamen, wurden sie jedoch schon erwartet – von Chi-Wan und vier Soldaten.

Dai-Lai wusste schon, was er tat, als er den kleinen dicken Chinesen mit der der Aufgabe des Strandwächters belohnte! Von wegen angeln! Höchstens Banditen angeln! Und gleich am ersten Morgen in seinem neuen Amt schien Chi-Wan einen dicken Fang gemacht zu haben.

Am Abend zuvor war es natürlich auch für Hei-Mi recht spät geworden. Im Gegensatz zu Aiji, der vor lauter Reisefieber kaum schlafen konnte, wachte Hei-Mi erst auf, als Siu-Pan ihr »Vögelchen«, wie sie sie nannte, zu einem späten Frühstück rief. Aufgeregt sprang sie aus dem Bett, zog flugs Hemd und Hosen über und rannte in die Küche. Dai-Lai saß lächelnd auf einem Hocker und schlürfte in aller Ruhe einen Tee, als seine Tochter rief: »Ich habe verschlafen. Ist der kleine Krieger schon weg?«

»Natürlich, meine Tochter! Er ritt sehr früh los.«

»Allein?« Hei-Mi war bestürzt.

»Ja! Und so wollte er das auch. Das ist sein Auftrag!«

»Papa!« Hei-Mi war empört. »Du hast selbst gesagt, unser Kaiser Shizu hätte jemandem wie Aiji Begleitschutz gegeben.« Sie begann zu weinen. »Und Du lässt ihn einfach so …«

»Beruhige dich doch bitte, Hei-Mi, ich …« Dai-Lai wollte seine Tochter gerade in den Arm nehmen und trösten, da klopfte es. Ein Diener trat ein und meldete, dass der neue erste Strandwächter Chi-Wan schon wieder auf Japaner gestoßen sei. Da sie aber nicht in einem Fass reisten, sondern über den Strand geschlichen seien, habe er es vorgezogen, sie gefangen zu nehmen. »Aha«, meinte Dai-Lai. »Und wo sind sie jetzt?«

»In der alten Arrestzelle vom Wächterhäuschen am großen Tor«, antwortete der Diener, verbeugte sich und zog sich zurück.

Der Narbige schaute sehr finster drein und Shunsho schlotterten vor Angst die Knie, als der Kaufmann die Zelle betrat. Streng fragte er als Erstes: »Könnt ihr Chinesisch, oder muss ich in der Sprache der Inselfeinde mit euch sprechen, bevor wir euch als Eindringlingen den kurzen Prozess machen?« Narbengesicht verstand ihn nicht und legte den Kopf schief. Aber Shunsho stotterte sofort ängstlich: »Ich, ich kann Chinesisch! Meine Mu-Mutter ist Chinesin, und ich habe darin auch U-Unterricht beim Vater meines b-besten Freundes.«

Der Dai-Lai schaute den Jungen ernst an: »Wie seid ihr hierhergekommen?«

»A-auf einer Dsch-Dschunke, aber die ist zurück nach Ja-pa-pa-pa-pan!«

»Und warum seid ihr hier?«

»Verehrter Herr, wir suchen meinen besten Freund!« Der Narbige senkte seufzend den Kopf. »Er bekam von unserem Tenno den Auftrag, gen Westen zu reisen, um den Schlafplatz der Sonne zu finden, weil …«

Der Dai-Lai lächelte und ergänzte: »… er sie bitten, ja ihr sogar befehlen soll, immer auf den Garten eures Kaisers zu scheinen.«

Shunsho schaute ihn ungläubig an: »Ja! Woher wisst Ihr das?« Der Narbige hob fragend den Kopf.

Dai-Lai drehte sich um und rief: »Hei-Mi! Chi-Wan! Kommt her!« Schon drängten sich die beiden zwischen die Wächter in der offenen Zellentür.

»Darf ich vorstellen: meine Tochter! Mein Strandwächter erster Güte!« Und zu ihnen gewandt, meinte er: »Das ist der beste Freund von Aiji. Hier sitzt Shunsho, voller Sorge um seinen Freund! Seinen stummen, großen, ja, sehr großen Begleiter kenne ich noch nicht.« Den Soldaten befahl er: »Nehmt Shunsho und dem Riesen die Fesseln ab.« Shunsho und der Narbige trauten ihren Augen und Ohren nicht.

»Jaja! Ich heiße, ich bin Shunsho«, sagte Shunsho ganz aufgeregt. Dann deutete auf seinen großen Begleiter. »Seinen Namen kenne ich nicht. Ich nenne ihn für mich ›Narbe‹, aber verratet mich bitte nicht, denn er ist wirklich wie ich in Sorge um Aiji!«

»Dann dürfen wir keine Zeit verlieren!«, meinte Dai-Lai. Er dachte ganz kurz nach, dann sagte er: »Ich habe eine Entscheidung getroffen! Und mein Herz sagt mir, sie ist richtig!«

Hei-Mi schaut ihn groß an. Normalerweise nahm ihr Vater sich sonst immer sehr viel Zeit, bis er etwas entschied. Oft dachte er mehr als einen ganzen Tag darüber nach.

»Chi-Wan! Vom ersten Strandwächter steigst du auf zum ersten Beschützer Aijis«, bestimmte Dai-Lai. »Du wirst Shunsho und den ... äh ... Riesen mit deinem Karren begleiten. Geh zu Siu-Pan und sag ihr, sie soll dir so viel Proviant geben, wie dein Karren fassen kann. Aber der Einachser wird von einem Maultier und nicht von deinem Marco gezogen. Der ist zu lahm, verzeih mir, Chi-Wan. Unsere Gäste bekommen zwei starke Pferde und vor allem gute chinesische Kleidung. In einer Stunde brecht ihr drei dann Richtung Wuhu auf. Das ist auch das erste Ziel Aijis.

Chi-Wan war vollkommen durcheinander. »Und meine Arbeit als zweiter Lagermeister und erster Strandwächter?«, fragte er. »Die geht dir nicht verloren. Erstens gibt es Stellvertreter und zweitens werde ich dich hinterher reich belohnen! Und jetzt mach den Karren fertig!«, schloss Dai-Lai.

»Und ich, Papa?«, fragte eine sehr verwirrte Hei-Mi.

»Du, meine Kleine? Du musst hier bleiben und mich beschützen.« Er lächelte sie an.

»So ein Quatsch, Vater! Ich …« Wenn Hei-Mi »Vater« sagte, war nicht gut Kirschenessen mit ihr. Das wusste Dai-Lai. Und so wurde er streng: »Du bleibst hier! Genug!« Hei-Mi schaute ihn trotzig an und rannte wütend hinaus.

Als Shunsho, Chi-Wan und der Narbige wie angekündigt Dai-Lais großes Tor Richtung Westen verließen, mahnte der Kaufmann noch einmal: »Shunsho, sei vorsichtig. Ich bitte dich: Sprich mit dem ›Riesen‹ bloß kein Japanisch, es sei denn, ihr seid wirklich allein. Sag ihm noch einmal, er soll bloß weiterhin den Mund halten. Am besten gibt er sich als großer taubstummer Chinese aus. So geratet ihr in keine Gefahr.«

Unerwartete Verstärkung

Aijis Verfolger waren zwar noch am hellen Nachmittag abgereist, aber er hatte nun doch schon zehn Stunden Vorsprung. Chi-Wan auf seinem Karren war sowieso nicht der Schnellste. Und so konnten sie sich nur darauf verlassen, dass Aiji auf Hoppe-Li nicht nur im Galopp unterwegs war.

Was er auch nicht tat. Und so fand Aiji am Abend dieses Tages, der ohne Zwischenfall vorüberging, eine einfache, aber warme Unterkunft in einem Gasthaus.

Shunsho und seine beiden Begleiter hingegen kamen erst in der späten Dämmerung an eine Lichtung, die ihnen geeignet erschien, ihre Decken auszubreiten, um darunter für ein paar Stunden Schlaf zu finden. Sie entfachten ein kleines Lagerfeuer. Hungrig und müde wärmten sie sich die Hände daran. Da überraschte sie Chi-Wan. Er war nämlich ein guter Koch. Bald dampften ein Tee und eine Reissuppe über den Flammen. Etwas geschützt lehnten sie sich an eines der Karrenräder, mussten aber bald auf die andere Seite des Feuerchens wechseln, weil der Wind drehte und ihnen den Qualm ins Gesicht blies. Keine Minute später schauten sich die drei verdutzt an, denn die Werkzeugkiste Chi-Wans begann zu husten. Genauer gesagt: Jemand darin schien um Luft zu ringen. Chi-Wan stöhnte: »Singende Fässer, hustende Kisten. Da hüpft doch der Drache aus dem Wok!« Shunsho erhob sich langsam, doch der Narbige ging sofort auf die Kiste zu und hob den Deckel.

Nach Atem ringend quälte sich ein kleiner Körper in den Schein des Lagerfeuers: Hei-Mi! Das hatte ihnen gerade noch gefehlt! Kaum war sie wieder zu Atem gekommen, sprudelte sie auch schon los: »Aiji braucht auch meinen Schutz, wenn wir es denn schaffen, ihn einzuholen. Er hat mir ja schließlich auch schon einmal das Leben gerettet, da kann ich ihn doch nicht einfach so ziehen lassen! Und im Übrigen sind wir jetzt schon zu weit von Dai-Lais Hof entfernt, um noch einmal umzudrehen. Also reisen wir ab jetzt zu viert. Außerdem habe ich Hunger. Basta!« Die drei anderen schauten sie verblüfft an – und ergaben sich in ihr Schicksal.

Aiji erreichte nach fünf Tagen die Stadt Wuhu. Er ließ sie jedoch rechts liegen und folgte einer abzweigenden Handelsstraße zum Ufer des Jangtsekiangs, des großen Gelben Flusses, der im Himalaya entspringt. Breit, ruhig und kräftig schlängelte sich der Strom wie eh und je durch das schier endlose Land, um dann bei Shanghai eins zu werden mit dem chinesischen Meer.

Seit Menschengedenken glitten Boote und Schiffe auf dem mächtigen Rücken des Flusses hinauf und hinunter, beladen mit Holz, Reissäcken, Seidenballen, Eisen und Fässern, die mit allen möglichen Produkten Chinas und der angrenzenden Länder gefüllt waren. Aiji überlegte kurz, auf einer Flussdschunke zu fragen, ob er mitfahren könne. Aber dann fiel ihm ein, dass es ja vielleicht auch Flusspiraten geben könnte, und er schlug sich jeden weiteren Gedanken, bequemer zu reisen, aus dem Kopf.

Also ritt Aiji auf Hoppe-Li immer flussaufwärts in Richtung der großen Berge, der Heimat der Götter, wie viele glaubten. Er hatte Hui-Fui aus ihrem kleinen Käfig befreit und sie flog manchmal ein Stück des Weges nebenher oder um ihn herum, aber meistens hockte sie vor Aiji auf dem Sattelknauf und ließ sich tragen.

Aus einem wurden zwei Tage. Dann drei, dann vier. Aiji schien es bald, als ritte er schon unendlich viele Tage auf Straßen, Wegen und Treidelpfaden den Lauf dieses Flusses entlang. Immer aufwärts. Immer der Sonne hinterher. Die Zeit floss ineinander wie der breite Strom und die kleineren Flüsse und Bäche, die in ihn mündeten. Nachts schlief Aiji oft in einfachen Herbergen, wo er stets Schutz und Unterkunft für sich, Hoppe-Li und Hui-Fui fand. Selten musste er das Medaillon des Dai-Lai vorweisen. Nur manchmal war eben keine feste Bleibe zu bekommen. Dann bereitete er sich ein kleines, verstecktes Lager unter einem Felsen, im Gebüsch oder im Schutz einer Mauer. Zum Glück wurde es jetzt langsam Sommer. Wenn es regnete, dann nicht für lange Zeit, und so machte es Aiji auch nichts aus, die Nächte draußen zu verbringen.

Masanobu ging es im fernen Japan von Tag zu Tag besser. Er konnte zwar noch nicht aufstehen, aber der beste Schreiner der Stadt war schon da gewesen, um Maß zu nehmen und ihm ein Holzbein anzupassen. Er und auch die Eltern von Shunsho waren nicht mehr ganz so beunruhigt wie in der Zeit gleich nach dem Verschwinden ihrer Söhne. Ehrlich gesagt, blieb ihnen auch nichts anderes übrig, als sich darauf zu verlassen, was die Dame Beniko versprochen hatte: dass ihre Jungen von dem großen Narbigen beschützt würden. Als sie bei einem Tee beisammen saßen, sagte Masanobu zu Shunshos Eltern: »Ich habe den beiden wirklich viel beigebracht. Gemeinsam werden sie dieses Abenteuer unbeschadet überstehen.« Gemeinsam? Wenn die Eltern wüssten … Die beiden Freunde waren ja auf ihrer Reise nun schon bald vier Tage voneinander entfernt!

Am Abend, nachdem Shunsho, Chi-Wan und der Narbige abgereist waren, fand Dai-Lai endlich eine kleine Notiz Hei-Mis in seiner Teeschale. Stundenlang hatten alle das gesamte Anwesen auf der Suche nach ihr auf den Kopf gestellt. Als er das Zettelchen in den Händen hielt, überlegte der Dai-Lai kurz, ihr einen Tross Reiter nachzuschicken, entschied dann aber zum zweiten Mal an diesem Tag recht ungewöhnlich. »Sie wäre mir auf Dauer böse, wenn ich sie nach Hause holte. Nun, sie ist stark. Sie weiß, was sie tut!«

Aiji hatte natürlich keine Ahnung, dass sein Freund Shunsho mit Hei-Mi, Chi-Wan und dem Narbigen versuchten, ihn einzuholen und fest entschlossen waren, ihn zu beschützen.

Als ein neuer Tag anbrach, war er wieder wie jeden Morgen zuvor alleine unterwegs, kaum dass die Sonne hinter seinem Rücken den Himmel erklomm. Manchmal war sie durch die kalten Flussnebel erst einmal nur zu ahnen, doch Aiji wusste: Auch wenn bleigraue Wolkengebirge das Land überspannten, irgendwo da oben zog dieser Glutball auf seiner Bahn immer gen Westen unbeirrt seinem Schlafplatz entgegen.

Die Stunde des Kriegers

Eines schönen Morgens, nachdem Aiji die Nacht unter freiem Himmel verbracht hatte, war er sehr früh aufgestanden. Seine wenigen Habseligkeiten waren schnell verstaut, und er verschnürte sein Bündel, sattelte Hoppe-Li und ritt los. Seine Stute folgte dem Weg von alleine und Aiji träumte vor sich hin. Schon vor Tagen war er von den Ufern des großen Gelben Flusses nach Süd-Westen abgewichen. Seine Reise verlief so ruhig, dass er sich schon richtig an diesen Frieden gewöhnt hatte und unachtsam wurde. Sicher hätte er sonst bemerkt, dass jemand ihn beobachtete. Und diesem Jemand fiel der recht prall gefüllte Münzbeutel an Aijis Gürtel ins Auge.

Die Sonne stand noch nicht sehr hoch, da holte ein scharfer Pfiff Aiji, Hoppe-Li und Hui-Fui in die Wirklichkeit zurück. Aiji riss die Augen auf und zog die Zügel an. Zwei grinsende Gauner, mit Keulen bewaffnet, versperrten dem kleinen Japaner den Weg. »Wegelagerer!«, dachte Aiji voll Entsetzen.

»Dein Pferd, dein Geld, dein Schwert!«, brüllten sie. Hui-Fui gurrte ängstlich und die Stute schnaubte. »Hände weg von den Zügeln, sonst bist du tot, Kleiner«, schrie der Vorderste.

Aiji dachte gar nicht daran, sich wieder alles rauben zu lassen. Das Erlebnis mit Jussuf al'Schrait würde ihm für ewig eine Lehre sein. Blitzschnell griff er nach seinem Schwert. Doch bevor er das Wakizashi in der Sonne blitzen lassen konnte, riss ihn ein dritter Räuber, der sich von hinten angeschlichen hatte, rückwärts aus dem Sattel. Er landete hart auf der Erde, und bevor er sich wieder aufrappeln konnte, stürzten sich die drei Räuber mit ihren Knüppeln auf ihn. Aber mit einem Gegner hatten die drei Halunken nicht gerechnet: Hoppe-Li! Sie lief nicht weg, sondern tobte, wie man es noch nie von einer solch kleinen Stute gesehen hat. Sie bäumte sich auf, strampelte mit den Vorderbeinen, wieherte und schnaubte wütend. Dann ging sie auf die Wegelagerer los. Den einen biss sie in den Arm, dass er vor Schmerzen schrie. Gleichzeitig trat sie mit ihren Hinterbeinen aus, und ein Huf landete so auf dem Hintern des zweiten Gauners, dass er sicher drei Wochen lang nicht mehr würde sitzen können.

Der dritte Wegelager allerdings hatte sich mit einem Satz zur Seite in Sicherheit gebracht und holte gerade mit seiner gewaltigen Keule aus, um sie auf Hoppe-Lis Kopf heruntersausen zu lassen. Doch sein grausames Grinsen wurde zu einem erstaunten »Häh?«, denn statt der Keule hatte er plötzlich nur noch deren Griff in der Hand. Der Rest flog im hohen Bogen durch die Luft und landete auf seinem eigenen Fuß. Der Räuber schrie auf, aber nicht nur vor Schmerz: Vor ihm stand Aiji, in der Hand das Schwert der Seikan, auf dem jetzt doch die Morgensonne blitzte.

Er hatte die Verwirrung genutzt, die Hoppe-Li stiftete, um sich aufzurappeln, sein Schwert aus der Scheide zu reißen und mit einem gewaltigen Aufwärtshieb die herabsausende Keule zu durchtrennen, bevor sie Hoppe-Li treffen konnte. Nun stand er da, breitbeinig, das Wakizashi über dem Kopf erhoben, so wie es ihm sein Vater beigebracht hatte. Dann stieß Aiji den Kampfschrei der Samurai aus: ein so lautes »Kiaiii«, dass die Räuber ihn anstarrten, als wäre ihnen plötzlich ein Geist erschienen. Einen harmlosen, müden, kleinen Jungen auf einem Pferdchen wollten sie überfallen – und nun sahen sie sich einem wildgewordenen Gaul und einem Samurai gegenüber. Der war zwar sehr klein, aber ein solch furchteinflößender schwertschwingender Krieger, dass auch sie zu schreien begannen – allerdings aus Angst. Sie ließen ihre Keulen fallen, nahmen die Beine in die Hand und stürzten Hals über Kopf davon. So plötzlich wie der Spuk begonnen hatte, war er auch wieder vorbei. Aiji und Hoppe-Li hatten gesiegt!

Der kleine Krieger fühlte das Glück darüber wie einen Rausch durch seinen Körper strömen. Doch nur für einen Augenblick, denn dann entdeckte er erschrocken, dass Hoppe-Li lahmte. Sie hatte sich bei ihrem wilden Kampf das linke Vorderbein verletzt. Ein dünnes rotes Band rann von ihrem Knie herunter über ihren Huf und tropfte ins Gras. Betrübt dachte der Junge an die Worte des Prinzen Bansu: Jeder Gewinn bringt auch einen Verlust mit sich. Der Stolz des Siegers war wie weggeblasen. Flüsternd beruhigte er sein Pferd, damit er es untersuchen und verarzten konnte.

Es war keine schlimme Wunde, sie würde von selbst heilen, aber heute zumindest musste er nun eine Weile zu Fuß gehen. Verlorene Zeit, während im fernen Japan sein Vater mit dem Leben rang, dachte Aiji gequält. Aber seiner Stute flüsterte er ins Ohr: »Danke, Hoppe-Li! Jetzt gehen wir eben ein bisschen nebeneinander her auf unserem Weg zum Bett der Sonne.«

Dicht hinter Aiji

Narbengesicht wurde immer missmutiger. Der Einzige, mit dem er sich ab und an im Flüsterton unterhalten konnte, war Shunsho, und der sagte dann gerne, wenn ihm das Klagen des »Riesen« zu viel wurde: »Tut mir leid! Du musst den Stummen spielen, und auch das muss man üben! Also sei besser ruhig, bevor uns jemand hört. Sonst sind wir verloren.«

»Verdammt, Junge!«, entwich es da schon mal dem Narbigen. Shunsho legte ihm aber sofort die Hand auf den Mund und flüsterte: »Versteh doch! Der Wald hat Ohren!« Chi-Wan bekam davon selten etwas mit, aber Hei-Mi. Sie grinste dann immer still vor sich hin.

Dieses Spielchen wiederholte sich in den ersten Wochen ein paarmal, bis sich der Riese endlich in seine Rolle als stummer Chinese ergab. Shunsho hatte ja Recht. Zweimal schon waren sie in eine Kontrolle von Soldaten geraten. Sie bewachten die Grenzen, die zum Teil willkürlich entlang des Jangtsekiang gezogen und ständig verschoben wurden, weil der letzte Kaiser der Song-Dynastie immer noch verzweifelt gegen die Übermacht des neuen Kaisers Shizu kämpfte.

Die Vier folgten weiter dem großen gelben Fluß, weil sie dachten, Aiji würde ebenfalls diesen Weg nehmen. Dass er das nicht tat, wurde ihnen erst bewusst, als sie einen Wanderer trafen. Sie beschrieben ihm Aiji und fragten ihn, ob er ihn getroffen habe. »Ja, der kleine Krieger auf seinem Pferd, ich erinnere mich gut an ihn«, sagte er lächelnd. Dann zog er die Augenbrauen zusammen. »Ich habe ihm allerdings geraten, den Kämpfen am Fluss auszuweichen und in einem recht weiten Bogen nach Süd-Westen zu reisen.« Die vier Freunde sahen sich erschrocken an. Wie sollten sie ihn jetzt finden?

Savarna

Sein Entschluss, dem Rat des Wanderers zu folgen, kostete Aiji sehr viele Tage. Es ärgerte ihn, dass sein Plan, am Lauf des Jangtsekiang zum Himalaya zu gelangen, am Krieg scheiterte. Zum Glück hatte ihm der Dai-Lai eine Karte mitgegeben. Sie war zwar recht ungenau, aber ohne sie hätte er sich mit Hoppe-Li und Hui-Fui wahrscheinlich vollkommen verirrt. Nun war es schon Anfang

Oktober geworden. Er hatte wieder die nord-westliche Richtung eingeschlagen und bald die westlichen Abschnitte des Jangtsekiang erreicht, an dessen Ufer er seine alte Route fortsetzte. Es war merklich kälter geworden und der Herbst hatte längst Einzug gehalten.

Auch wenn der Winter noch weit war, hatte es an diesem Abend tatsächlich zu schneien begonnen. Zuerst waren es nur ein paar einzelne verirrte Flöckchen, die Aiji auf der Nase kitzelten. Doch bald fielen sie in dichten Schleiern. Heute wenigstens würde er einen Stall für die Nacht brauchen. Draußen war die Gefahr zu groß, im Schlaf eingeschneit zu werden und zu erfrieren. Langsam schlich sich die Dunkelheit in das Tageslicht und brachte den Schnee am Boden zum Leuchten. Hoppe-Li war genauso erschöpft wie er selbst. Aiji hoffte, dass keiner, dem er begegnete, einen Stein in der Brust haben und ihn heute Abend von der Tür weisen würde, wenn sie denn überhaupt eine Unterkunft fänden. Die Aussichten waren eher schlecht, denn sie waren schon lange an keinem Dorf, keiner Hütte, geschweige denn an einem Schuppen mehr vorbeigekommen.

Der Weg stieg nun etwas an und erklomm einen kleinen Hügel. Als sie oben ankamen, sah Aiji weiter unten am Weg doch etwas, das sein Herz höherschlagen ließ: ein kleines Licht! »Hoffentlich das Fenster einer Hütte«, dachte er und klopfte Hoppe-Li aufmunternd auf den Hals. »Heute Nacht stehst du vielleicht in einem warmen Stall«, versprach er ihr. Hoppe-Li schnaubte leise. Aber je näher sie dem Licht kamen, desto mehr Zweifel stiegen in dem Jungen auf. Was, wenn dort Räuber wohnten und er geradewegs in eine Falle tappte? Seine Hand fuhr instinktiv an den Griff seines Schwertes. Doch dann sahen sie, dass das Licht im Fenster einer Fischerhütte brannte. Neben der Hütte waren Netze gespannt. Aiji rutschte von Hoppe-Lis Rücken herunter und betrat durch ein Törchen im Zaun einen kleinen Gemüsegarten. Gerade wollte er anklopfen, da öffnete sich die Tür – und Aiji erstarrte.

Warmes Licht und der herrliche Duft einer kräftigen Suppe drangen nach draußen. Aber was ihn erstarren ließ, war etwas anderes: Die Frau in der Tür sah aus wie die Frau aus seinen Träumen. Aiji brachte kein Wort über die Lippen.

Lange sah sie ihn an – und dann lächelte sie. Mit warmer, dunkler Stimme fragte die Frau: »Möchtest du die ganze Nacht vor der Tür stehen oder willst du mir vielleicht sagen, weshalb du hier stehst?« Aiji fasste sich wieder. »Mein Name ist Aiji. Ich … äh … suche einen Ort, an dem ich die Nacht verbringen kann, vielleicht im Stall …?«

»Dein Pferd in den Stall«, entgegnete sie freundlich, »und du ins Haus! Ich habe gerade etwas zu essen zubereitet.« Aiji wurde es mit einem Mal ganz leicht ums Herz. Kurze Zeit später kniete er vor einem Tisch und schlürfte köstliche, dampfend heiße Fischsuppe. Als sein Hunger halbwegs gestillt war, sah er sie nachdenklich an.

»Deine Nase …«, traute er sich schließlich zu sagen.

»Deine auch«, antwortete sie ihm freundlich. »Wir beide haben lange Nasen, wobei meine noch etwas länger ist als deine. Daraus schließe ich, dass entweder deine Mutter oder dein Vater aus Indien stammen wie ich selbst.«

»Du kommst auch aus Indien?«, fragte Aiji erstaunt.

Die Frau nickte, und dabei streifte ein Hauch von Wehmut über ihr Gesicht.

»Bist du auch … geraubt worden?«, fragte Aiji vorsichtig. Wieder nickte die Frau. Dann meinte sie leise: »Aber das ist lange her. Und heute wüsste ich mich zu wehren. Du bist klug, Aiji. Möchtest du dich vielleicht hier ein wenig ausruhen, bis du deine Reise fortsetzt? Auch dein Pferdchen kann wohl einen Tag Verschnaufpause gebrauchen.«

»Wie heißt du?«, fragte er nun etwas beschämt, und sie entgegnet: »Savarna!«

Dann nahm sie ihn bei der Hand und sagte einfach: »Komm!« Sie führte ihn in eine Kammer, wo er sein Bündel auf eine Truhe legen konnte: »Hier wirst du schlafen, Aiji.« Der Junge nickte. Dann stellte sie fest: »Ich denke, du könntest ein warmes Bad gebrauchen.« Aiji strahlte. »O ja! Ein Bad wäre wunderbar!«

Während Aiji sich wusch, inspizierte sie seine Schuhe, die von Wasser, Kälte und Schnee ziemlich zerschlissen waren. Dann machte sie sich an einer Kiste zu schaffen und kramte ein Paar Stiefel hervor, die fast neu waren. »Hier, Aiji, die müssten dir passen. Probiere sie nachher einmal an.«

»Danke, Savarna! Aber das sind doch deine!«

»Nein«, erwiderte sie, »diese Stiefel hatte ich für meinen Sohn Amar gemacht.« Dann atmete sie tief ein, und Aiji fühlte plötzlich einen Kloß im Hals. »Aber er braucht sie nicht mehr. Vor zwei Sommern erkrankte er am Fieber. Er hat es nicht überlebt.« Sie schluckte und schloss die Augen. Aiji standen die Tränen in den Augen, obwohl er den Jungen ja gar nicht gekannt hatte. »Es ist, wie es ist«, sagte sie. »Ich habe gelernt, mit dem Schmerz zu leben. Weißt du, Aiji, alles hat seine Zeit. Amars Zeit war früh gekommen. Wie die meines Mannes. Zu früh. Ich muss es akzeptieren und damit leben.« Savarna lächelte traurig.

Savarna gab ihm Kleider ihres Sohnes und meinte: »Nimm nur. Amar ist nicht gram darüber. Bis morgen habe ich deine Kleider gewaschen. Einverstanden?« Aiji nickte dankbar. Nach dem heißen Bad schmerzten auch seine Beine endlich nicht mehr, dafür lag die Müdigkeit wie ein Felsbrocken auf seinen Schultern. Savarna sah es, erhob sich von ihrem Hocker und führte ihn wieder in die Schlafkammer. Er warf sich nur noch auf den mit Stroh gefüllten Leinensack und war im Nu eingeschlafen.

In den nächsten zwei Tagen ging Aiji Savarna, die wie früher ihr Mann mit der Fischerei ihr Brot verdiente, zur Hand. Er hackte vor dem Schuppen Holz für das Herdfeuer, schleppte Wasser vom Fluss herauf und besserte das Dach aus, von dem wohl heftige Winde einige Schindeln gelöst hatten. Es tat ihm gut, wieder einmal ein paar Tage an einem Ort zu sein. Am Abend erzählte er ihr von seinem Auftrag, den vielen Menschen, denen er begegnet war, und von seinen Abenteuern. Hoppe-Li und Hui-Fui, über die Savarna manchmal lachen musste, weil sie wie verliebt ihrem Aiji um den Kopf flatterte, fühlten sich ebenfalls wohl.

Am dritten Abend holte Savarna, nachdem sie gegessen hatten, einen länglichen Kasten unter ihrem Bett hervor. »Das ist eine

Knieharfe«, erklärte sie Aiji. Dann begann sie zu spielen. Es war wundervolle Musik, die aus diesem Instrument hervorkam. Dann sang Savarna zu diesem Klang. Es war ein leises Lied, dessen Melodie sich seinen Weg suchte wie Wasser, das an einem Sommertag den Berg hinabrinnt. Savarna hatte die Augen geschlossen. Aiji starrte sie an. Er kannte dieses Lied, er wusste nur nicht, woher. Vielleicht hatte es ihm seine Mutter gesungen? Leise schlich er in sein Bett und lauschte weiter der Musik und Savarnas Gesang, der ihn in den Schlaf wiegte. So musste es sein, eine Mutter zu haben, dachte er, während er in das Land der Träume glitt.

Am nächsten Morgen war wieder einmal die Zeit des Abschieds gekommen. Aiji musste sich auf den Weg machen, die Gedanken an seinen kranken Vater hatten ihn nachts nur sehr unruhig schlafen lassen. Nun füllte er noch seine Wasserflasche, zurrte sein Bündel hinter Hoppe-Lis Sattel fest und steckte das Wakizashi daneben in eine Schlaufe. Dann verneigte er sich vor Savarna. Die trat einen Schritt auf ihn zu, drückte ihn an sich und küsste ihn auf die Stirn.

»Du bist mir jederzeit willkommen, Aiji, kleiner Krieger«, flüsterte sie und reichte ihm sein Reissäckchen, das sie prall gefüllt hatte. »Danke!«, erwiderte Aiji, »ich werde dich nie vergessen, Savarna. Danke für alles. Ich hoffe, wir sehen uns wieder.«

Dann schwang er sich in den Sattel, winkte noch einmal und drückte Hoppe-Li vorsichtig die Fersen in die Seiten. Sein Pferdchen trottete los, und als er sich umdrehte, war das Haus der Fischerin mit dem Schuppen und den aufgespannten Netzen hinter einer Wegbiegung verschwunden. Aiji war wieder allein. Hoch in die Berge musste er, hatte ihm Savarna gesagt. Dort sei ein Kloster, in dem weise Männer wohnten, die ihm sicher weiterhelfen konnten bei seiner Suche nach dem Schlafplatz der Sonne.

Vom Jangtsekiang
in die Berge

Die Straße hinter Yibin verengte sich bald zu einem Weg, der gerade noch breit genug für einen Karren war. Stetig ging es bergauf und der Wind pfiff Aiji und Hoppe-Li immer kälter um die Ohren. Sie kamen nicht sehr schnell voran, doch sie gönnten sich vom Aufgang der Sonne, bis sie hinter den Gipfeln verschwand, keine einzige Pause. Erst in der Dämmerung suchte Aiji für sich und die Tiere wenigstens einen einfachen Unterstand.

Aiji entfachte ein kleines Feuer, um sich aufzuwärmen und etwas Reis zu kochen. Er fror erbärmlich und war schrecklich einsam. Sein Vater fehlte ihm und er vermisste auch Shunsho. Und dann dachte er wohl zum tausendsten Mal, wie ungerecht es doch war, dass er, ein kleiner Junge, einsam durch die Welt streifen musste, um diesen verrückten Befehl des Kaisers auszuführen.

Das Reissäckchen hatte schon wieder einen beträchtlichen Teil seines Gewichts verloren. Und je leichter der Beutel wurde, umso mehr sank Aijis Mut. Doch nun war er schon so weit gekommen, jetzt würde er auch noch seinen Auftrag erledigen und seinen Vater retten.

Eingepackt in seinen wattierten Mantel und die Decke, kuschelte er sich unter einem Felsüberhang an Hoppe-Li, Hui-Fui hatte er im Käfig zwischen seine Beine gestellt. Darauf legte er ein Tuch, das Savarna ihm geschenkt hatte. So harrten sie in der Kälte der Nacht aus bis zum Morgen. Nach einem kargen Frückstück ritten sie weiter.

Immerhin waren sie in den östlichen Ausläufern des gewaltigen Himalayas angelangt. Die Felsen schoben sich immer weiter in die Höhe. Aus den Kronen der letzten Bäume lösten sich schwarze Schatten: Raubvögel, die sich mit ausgebreiteten Schwingen vom Wind über die weiten Hänge tragen ließen, den Blick unbeirrt auf den Boden geheftet, wo sie nach Beute Ausschau hielten.

Sehnsüchtig beobachtete Aiji den Lauf der Sonne. Es war ja nicht möglich, ihr direkt zu folgen, da sie sich an keinen Pfad und keinen Flusslauf hielt, sondern einfach stur ihre schnurgerade Bahn zog. Am vierten Tag im Gebirge wurde es sehr gefährlich. Rechts ragte eine Felsflanke empor, links fiel das Gelände ab bis zum Fluss. Und dann endete der Weg abrupt an einer alten, morschen Hängebrücke. Davor gab es ein kleines Plateau, auf dem ein winziges Steinhaus und ein Ziegenpferch standen. Kaum war Aiji bei der Brücke angelangt, sprang die Tür des Hauses auf und ein kleiner, doch sehr breiter Mann mit einer dicken Nase watschelte heraus.

»Im Namen des erhabenen Kaisers, halt!«, quäkte er. Dabei warf er die Arme in die Luft, streckte den Rücken durch und versuchte, sehr würdevoll auszusehen. »Was willst du hier, Zwerg?«, fragte er Aiji ungehalten.

»Nichts, wir wollen nur über die Schlucht«, entgegnete der.

»Unmöglich«, donnerte der Mann, »ich bin der kaiserliche Brückenwärter. Ich wache persönlich über die Unversehrtheit der Brücke. Und ich entscheide: Du kannst nicht hinüberreiten.«

»Aber ich kann doch absteigen und …«

»Natürlich steigst du ab!«, fiel ihm der Brückenwärter ins Wort. Aiji entgegnete: »Aber ich muss hinüber, der Sonne nach!«

»Er muss der Sonne nach«, äffte der Kurze ihn nach. »Spielt ihr Fangen, du und sie? Wenn das so ist, dann musst du gehen. Aber allein.«

Ganz von selbst glitt Aijis Hand an den Griff seines Schwertes.

»Dein Pferdchen ist zu schwer. Es bleibt hier bei mir!« Grinsend fügte er hinzu: » Ich passe darauf auf«, und tätschelte Hoppe-Lis Hals, die verächtlich schnaubend den Kopf zurückwarf. Aiji dachte kurz nach. Er musste über diese Brücke, einen anderen Weg gab es nicht. Also glitt er aus dem Sattel und begann, sich sein Gepäck auf den Rücken zu laden. So würde die Stute leichter werden und vielleicht doch mit über die Brücke kommen können. Der Wächter tänzelte unruhig kichernd um Hoppe-Li und den Jungen herum. Aiji sah sich die Brückenkonstruktion genauer an. Die Seile waren dicker als seine Beine, aber schon brüchig. An vielen Stellen hingen einzelne Fasern heraus. Noch schienen sie zu halten. Dazwischen waren schmale Trittbretter fest geknotet. Das eine oder andere fehlte jedoch und hinterließ so etwas wie eine klaffende Zahnlücke, die Aiji an das Grinsen des Mongolen in seinem Traum erinnerte.

Er beschloss, alles auf eine Karte zu setzen und einfach mit Hoppe-Li schnell hinüberzurennen. Er packte sie am Zügel, doch der Brückenwärter schob sich an ihm vorbei und blockierte den Zugang. »Nicht mit dem Pferd«, schrie er und hielt Hoppe-Li auf der anderen Seite der Trense fest. Da wurde Aiji richtig wütend. »Ich befehle dir, uns hinüber zu lassen, im Namen des mächtigen Dai-Lai, dem großen Freund des Kublai Kahn, genannt Kaiser Shizu.« Mit diesen Worten holte er das Medaillon des Dai-Lai unter seinem Mantel hervor. Schon so viele Male hatte es ihm Respekt und die Hilfe verschiedenster Leute gesichert, doch dieses Mal funktionierte es nicht. Der Brückenwärter starrte stattdessen gierig auf das hübsch glänzende Medaillon, taumelte auf Aiji zu und streckte die Hand danach aus.

»Ah ja, das wäre ein guter, angemessener Preis für das Überqueren meiner Brücke«, zischt er. »Gib es her!«

»Nein«, schrie Aiji und wich dem Wärter aus. Er ließ die Zügel los, umrundete seinen Gegner und zog, die Brücke nun im Rücken, sein Schwert. Dabei behinderten ihn jedoch seine Decken und Taschen, die er über die Schultern geworfen hatte.

»Ah, dachte ich mir's doch, ein kleiner lausiger Dieb und Räuber! Welchem feinen Herrn hast du das Schmuckstück geklaut?«, fragte der Brückenwärter. Und plötzlich zog auch er ein Schwert, das Aiji bis zu diesem Moment verborgen geblieben war.

Mit einem Schrei stürzte der Kerl auf den Jungen zu, das lange Schwert hoch über dem Kopf. Aiji erkannte sofort, dass er nicht stark genug wäre, um ihn zu besiegen, drehte sich um und rannte auf die Brücke. Wütend schrie der Brückenwärter hinter ihm her. Doch dann lachte er auf einmal hämisch. Da bemerkte Aiji, dass das morsche Holz unter seinen Schritten stöhnte und verdächtig ächzte. Er konnte nicht stehen bleiben, denn sobald das ganze Gewicht seines Körpers auf einem Brett lastete, gab es nach. Schlimmer noch: Die Bretter brachen hinter ihm in der Mitte durch, kaum, dass er sie berührt hatte. Sie trugen ihn gerade lange genug, dass er es von einem zum nächsten schaffte. Die meisten Bretter stürzten lautlos in die Tiefe, wo sie in die rauschenden Wasser des Jangtsekiangs klatschten und mit ins Tal gerissen wurden. Aiji hatte jedoch keine Zeit, ihnen hinterherzuschauen. Erst als er mit knapper Not das andere Ufer erreichte, drehte er sich um und sah die Zerstörung hinter sich. Die Brücke war unpassierbar geworden. Niemand wurde sie so je wieder überqueren können. Drüben stand der Brückenwärter und versuchte, Hoppe-Li zu beruhigen, die aufgeregt wiehernd nach Aiji Ausschau hielt. Aiji wurde klar, dass er sie nun in den Händen dieses schrecklichen Menschen zurücklassen musste. Hui-Fui flatterte aufgeregt um seinen Kopf, und ihm stiegen die Tränen in die Augen. Das höhnische Gelächter des Brückenwärters drang über die Schlucht herüber. Aiji drohte ihm mit der Faust, aber es war eine hilflose Geste. Schließlich ließ er die Hand sinken. Sein tapferes Pferdchen musste ab jetzt selbst auf sich aufpassen. »Mach's gut, Hoppe-Li«, flüsterte er. Dann drehte er sich um und spähte hinauf in die Ferne, wo sich der gewundene Pfad irgendwo am Berghang verlor.

Ganz weit oben, auf dem höchsten Gipfel, so schien es, blinkte ein winziger Punkt in der fahlen Wintersonne, so klein und schwach, dass Aiji nicht wusste, ob er ihn wirklich gesehen oder sich nur eingebildet hatte. Das könnte, nein, das musste das Kloster sein, von dem Savarna gesprochen hatte. Wenn es Hilfe geben konnte für ihn, dann dort oben.

Eine schmerzhafte Überraschung

Auch Hei-Mi, Shunsho, Chi-Wan und der Narbige konnten gerade Hilfe gebrauchen. Als sie eines Abends ihr Nachtlager wieder einmal im Freien herrichten und Holz für ein Lagerfeuer holen mussten, hieb der Narbige mit seiner Axt so heftig auf zwei junge Bäumchen ein, dass sie beide mit dem ersten Schlag umfielen. Dabei ließ er zwei unverständliche Brüller los. Dann brummte er ärgerlich unentwegt vor sich hin, als er die Stämmchen zum Lager schleifte. Die anderen verstanden ja seine Wut, baten ihn aber immer wieder eindringlich, sie zu zügeln, um sich nicht zu verraten.

Dieses Mal wurden sie tatsächlich neugierig von zwei Soldaten der Song-Armee beobachtet, also von Feinden des mit Dai-Lai befreundeten Yuan-Kaisers Shizu. Sie hatten die Aufgabe, das Gebiet auszukundschaften und neue Soldaten für die Armee zu rekrutieren.

Als sie nun sahen, wie der Narbige Bäume fällte, schauten sie sich erst erstaunt an, um sich gleich darauf grinsend zuzuzwinkern. Dann schlichen sie ihm hinterher bis zum Lager der vier. Sie zogen noch im Gebüsch ihre Schwerter, und im nächsten Moment sprangen sie schreiend zwischen die Kinder und die beiden Männer: »Den Riesen und den kleinen Dicken ziehen wir hiermit zur Armee ein. Und ihr beiden Zwerge schert euch dahin, wo der Pfeffer wächst!« Chi-Wan hüpfte wie üblich eine Schritt zurück. Der Narbige schaute fragend erst Shunsho und dann Hei-Mi an. Die nickten sich nur zu – und das Schauspiel begann.

Mit ungeheurer Schnelligkeit wirbelte Hei-Mi wieder einmal herum und trat dem einen das Schwert aus der Hand. Shunsho hieb gleichzeitig sein Bokuto auf den Arm des anderen, der vor Schmerz auch seine Waffe fallen ließ. Im nächsten Moment packte der Narbige die beiden Soldaten links und rechts im Genick und haute sie mit den Köpfen wie zwei Kokosnüsse zusammen. Die beiden gingen benommen in die Knie. »Uff, das war knapp«, keuchte Shunsho. Doch Hei-Mi musste lächeln. »Langsam macht es mir Spaß, große Männer zu verhauen!«, sagte sie.

Der Narbige nahm den beiden ihre Waffen ab, setzte sie geknebelt an einen Baum und band sie fest. Anschließend löschten sie das Lagerfeuer, obwohl es sehr kalt war. An einen ruhigen Schlaf war in dieser Nacht natürlich nicht mehr zu denken. Woher sollten sie wissen, ob nicht noch andere Song-Soldaten in der Nähe waren und wieder aus dem Nichts auftauchen würden?

Auf Aijis Fersen

Schon sehr früh am Morgen machten sich Hei-Mi, Shunsho, Chi-Wan und der Narbige auf den Weg. Die beiden Uniformierten ließen sie am Baum gefesselt sitzen. Sie versprachen ihnen aber, im nächsten Dorf Bescheid zu geben, damit man sie befreite.

Wenig später trafen sie eine alte Frau, die ihr Reisigbündel auf dem Rücken trug. »Seid gegrüßt!«, sagte Hei-Mi freundlich zu ihr. »Sagt, habt ihr zufällig einen Jungen auf einem Pferdchen und mit

einer Taube gesehen? Er müsste auf diesem Pfad unterwegs sein.«
»Ja, ich habe ihn gesehen«, antwortete die alte Frau lächeln. »Ich erinnere mich deshalb so gut an den Jungen, weil es so lustig anzuschauen war, wie das Täubchen immer um ihn herumflatterte, als sei sie verliebt in ihn. Aber das war gestern und nun muss er schon über die Brücke sein. Der Weg, den er ritt, führt nirgendwo anders hin«, sagte sie.

»Und das war wirklich erst gestern?«, fragte Hei-Mi sie, denn Aiji war ihnen noch vor ein paar Tagen fast um eine Woche voraus gewesen. Von seiner Rast bei Savarna konnten sie ja nichts wissen. »Ja, länger ist es auf keinen Fall her«, bestätigte die Alte noch einmal. Mit neuer Kraft ritten sie weiter – vielleicht könnten sie Aiji doch bald eingeholt haben!

Chi-Wan trieb sein Maultier an und Hei-Mi setzte sich vor Shunsho aufs Pferd. So kamen sie deutlich schneller voran als zuvor. Schon am Abend erreichten sie recht erschöpft das Plateau vor der Brücke. Entsetzt schauten sie auf die faserigen, bretterlosen Seile über der Schlucht.

Da hörten sie hinter dem Steinhäuschen ein leises Wiehern und Schnauben, unterbrochen von lautem Fluchen. Der Narbige saß als Erster ab und ging vorsichtig und mit gezogener Waffe in die Richtung, aus der das Geräusch gekommen war. Kurz darauf hörten die drei anderen lautes Gebrüll, dann trafen zwei, drei Mal Schwerter aufeinander. Anschließend war es still.

Wenig später stieß der Riese den gefesselten Brückenwärter mit der Rechten vor sich her. Mit der Linken hielt er Hoppe-Li an der Trense. Hei-Mi umarmte die kleine Stute stürmisch, das Pferdchen schnaubte freudig und schubste das Mädchen immer wieder mit der Nase an.

Der Gefangene wollte erst nicht reden. Nachdem ihm der Narbige jedoch knurrend tief in die Augen geblickt hatte, erzählte er, dass Aiji es gerade so über die Schlucht geschafft hatte. »Aber wie ihr seht, ist die Brücke nun auf Monate hin unpassierbar. Daher war es wohl meine weise Voraussicht, das Pferd als Pfand zu behalten, denn der Junge konnte nicht zahlen. Er hat versprochen, wiederzukommen, und ich habe ihm zuerst noch freundlich nachgeschaut. Dann habe ich mich jedoch sehr gewundert, warum er mit seinem Schwert die Bretter hinter sich zerstörte. Wer bezahlt mir jetzt seinen Brückenzoll?«, wagte sich der grässliche Kerl zu fragen. Die vier trauten ihren Ohren nicht und glaubten dem Brückenwärter natürlich kein einziges Wort.

Der Narbige zog ihn am Kragen hoch und raunte ihm ins Ohr: »Wenn unserem Freund wegen dir etwas passiert ist, komme ich persönlich wieder und zeige dir, was eine Ohrfeige ist!« Das hatte der Brückenwärter zwar nicht verstehen können, aber er hatte die Drohung in seiner Stimme gehört, und das reichte. Eines wussten sie jetzt jedoch alle, auch wenn es keiner aussprechen wollte: Ihre Reise schien an dieser Stelle zu Ende zu sein.

Allein unter den Sternen

Aiji kam nur langsam vorwärts auf seinem Weg zum Kloster. Er wusste nicht genau, welcher Tag und welcher Monat es war. Er wusste auch nicht, ob er sich dem Schlafplatz der Sonne tatsächlich näherte, denn sie zog weiterhin über ihm ihre Bahn und schien immer gleich weit weg zu sein. Aber er wusste, dass die Richtung stimmte – und das allein gab ihm Hoffnung. Ohne Hoppe-Li kam es ihm vor, als würde er sich gar nicht vom Fleck bewegen, so riesig waren die Berge um ihn herum, die Savarna das »Dach der Welt« genannt hatte. Der Wind pfiff eiskalt um seine Ohren, obwohl er den Kragen seines dicken Mantels hochgestellt hatte. Wirklich warm hielt ihn jedoch nur die Erinnerung an seine Freunde und an seinen Vater. Das war das kleine, heiße Feuer, das in ihm brannte und ihn weitergehen ließ. Doch lebte Masanobu überhaupt noch? Es war so viel Zeit vergangen, seit er aufgebrochen war. Aber was sollte er tun? Zum Umkehren war es längst zu spät.

Das Kloster, dessen blinkendes Dach er zu Beginn seines Aufstiegs in der Sonne blitzen gesehen hatte, war nicht auszumachen, so sehr er seine Augen auch anstrengte. Einsam und verzweifelt stapfte der kleine Japaner vor sich hin und hinterließ seine Fußspuren im Schnee, die schon wenige Schritte später wieder unter neuen Flockenwirbeln verschwunden waren. Als es endlich doch einmal aufhörte zu schneien und er nach oben blickte, schien es ihm, als winke die Sonne ihm zu. Weiter, immer weiter. Das war sein Weg.

Es wurde Abend und Aiji war unendlich müde. Doch wo sollte er übernachten? Er musste ein paar Stunden Ruhe finden. In einer winzigen Felsnische kauerte er sich zusammen und versuchte, so gut es ging, sich in seinen wattierten Mantel und seine Decke zu wickeln, Hui-Fui in ihrem Käfig wieder zwischen seinen Beinen. Da schlich sich ein entsetzlicher Gedanke in sein Herz: Wie schrecklich, wenn dieser grässliche Brückenwärter vielleicht der letzte Mensch war, den er in der Welt zu Gesicht bekommen hatte! Dieser und ähnliche Gedanken schwirrten Aiji durch den Kopf. Und er merkte gar nicht, wie es wieder zu schneien begann. Verirrte winzige Flöckchen zuerst. Dann wurden sie dichter und dichter, bis sie schließlich aus Himmelsschleusen herabstürmten wie die Reiter des Kublai Khan.

Je mehr es schneite, desto mehr schwanden seine Kräfte. Selbst wenn er jetzt noch weiter gewollt hätte: Es wäre ihm nicht mehr gelungen aufzustehen. Das Gefühl für seine Zehen, Füße, Hände – er hatte es verloren. Wie eine Marionette fühlte er sich. Eine Marionette, deren Puppenspieler langsam einschlief. Ja! Das wäre es. Wegdämmern und alles vergessen. Nicht mehr kämpfen. Aiji spürte, wie der Schlaf langsam die Oberhand gewann und das Feuer in ihm kleiner und kleiner wurde. Er sah hinauf zum Himmel und musste plötzlich lächeln. Für einen Moment hatte das Schneegestöber aufgehört und den Blick auf die unendliche Schwärze der Nacht freigegeben, in der Millionen eiskalter Sterne funkelten. Einer davon, so hoffte er, war seine Mutter – und vielleicht war auch schon sein Vater dort oben und die beiden warteten nur noch auf ihn. Alles, was er tun musste, war loslassen, die letzte Glut in sich vergehen lassen und die Augen schließen, um hinüberzugleiten zu ihnen, zu seiner Familie. Bleischwer senkten sich seine Lider. Er flüsterte: »Mama, Papa, ich komme.« Seine Gesichtszüge entspannten sich – und im nächsten Moment war er eingeschlafen. Die Flocken begannen wieder vom Himmel zu fallen. Sie bedeckten Aiji mit ihren unzähligen zarten, kalten Händchen, bis er aussah wie ein großer schneebedeckter Stein, der am Wegrand lag. Hier, so schien es, war nun auch sein Weg zu Ende.

So glitt er hinüber in einen seltsamen, doch wunderbaren Traum. Es war ihm, als würde er schweben, höher und immer höher. Und bei ihm waren dunkle Gestalten, die Masken vor ihren Gesichtern trugen und nur ihre Augen freigaben. Vielleicht hätte er sich fürchten müssen. Doch Aiji fürchtete sich nicht. Er schwebte nur. Er schwebte einfach davon, immer weiter davon.

Das Kloster im Fels

Warm und weich, so fühlte es sich an. In der Ferne tönten Glöckchen. Das musste der Himmel sein. Aber warum roch es dort nach Hühnersuppe? Aiji schlug die Augen auf. Was er sah, war nicht das liebevolle Gesicht seiner Mutter, wie schon so oft im Traum. Was ihn da anglotzte, war ein hageres, glattrasiertes Köpfchen eines alten Mannes mit Glubschaugen, die ihm fast aus dem Kopf fielen.

»Ich bin tot!«, rief Aiji entsetzt.

»Er ist erwacht!«, rief das alte Männlein. Dann drehte es sich um, schlurfte, so schnell es seine klappernden Holzsandalen erlaubten, davon und rief immer wieder: »Er ist erwacht! Kommt her! Er ist erwacht! Ähi!«

Aiji rieb sich die Augen und schaute sich um. Er lag in einem breiten Bett, das dick mit Decken gepolstert war. Das Bett stand offensichtlich in einer Küche, denn an der gegenüberliegenden Wand hing ein Kessel über dem Herdfeuer, aus dem der köstliche Duft von Hühnersuppe emporstieg und jeden Winkel des Raumes ausfüllte. Wenn dies der Ort war, an dem die Ahnen lebten, dann war er zwar anders, als er es sich vorgestellt hatte, aber mit einer anständigen Hühnerbrühe im Bauch würde er diesen Schock wohl bald überwinden. Erst wollte sich Aiji jedoch noch einmal in diesem herrlich weichen Bett ausstrecken. Er reckte die Glieder, soweit es ging, von sich, da durchfuhr ihn ein brennender Schmerz im linken Fuß. Vorsichtig zog er ihn zu sich her. Er war in einen dicken Verband eingewickelt. Und das, was ihm gerade so wehgetan hatte, musste in diesem Verband versteckt sein. Also machte er sich daran, die langen Stoffstreifen abzuwickeln. Sehr behutsam musste er das tun, denn sobald er seine Zehen berührte, durchfuhr ihn wieder der gleiche stechende Schmerz. Als er endlich die Binden entfernt hatte, starrte er ungläubig auf seinen Fuß: Sein kleiner Zeh fehlte! Da war nur noch ein blutverkrusteter Stummel. Zudem waren beide Füße rot und geschwollen. Aiji sah sich panisch um. Das alte Männlein hatte ihm einen Zeh abgeschnitten! Das war nicht der Himmel! Das war vielleicht sogar die Hölle, von der Marco Polo ihm erzählt hatte. Nein, das konnte auch nicht sein. Jussuf al'Schrait kam vielleicht in diese Hölle, aber doch nicht er! Aiji beschloss, herauszufinden, wo er war. Aber als er aufstehen wollte, durchfuhr ihn wieder glühender Schmerz, diesmal noch stärker als zuvor. Er schrie auf, und im nächsten Moment war er umringt von mehreren Gestalten.

»Nicht aufstehen, kleiner Schüler!«, riefen sie wie aus einem Mund. Der alte Glatzkopf half ihm wieder ins Bett. Einem anderen machte er eine stumme Geste, der daraufhin verschwand und mit einer großen Holzkiste wiederkam. Alle Männer im Raum trugen die gleiche Kleidung: eine Art orange Kutte mit weiten Ärmeln aus dickem Stoff. Aiji selbst hatte auch eine solche Kutte an, wie er erstaunt feststellte. Er fröstelte.

»Wo bin ich?«, fragte er leise den Alten, der jetzt in der Holzkiste herumkramte. Der lachte hell auf. »Ähi! In Sicherheit, kleiner Schüler! Du bist in einem Kloster! Unser Orakel hat gesagt, wir würden einen Reisenden aus einer anderen Welt entdecken. So sind wir nach seinen Anweisungen losgeflogen und haben dich gefunden.« »Losgeflogen?« Aiji schaute ihn fragend an.

»O ja! Zum Glück, denn du warst schon eingeschneit. Ähi!« Das Männlein lachte wieder spitz auf. »Für dich sind wir rechtzeitig gekommen, aber für deinen kleinen Zeh kamen wir zu spät. Er ist abgefroren in der Eiseskälte. Wir musste ihn entfernen, damit nicht der Wundbrand deinen Körper vergiftet und du stirbst, kleiner Schüler! Ähi!«

Aiji nickte stumm und dachte mit Schaudern daran, wie nah er dem Tod wohl wirklich gewesen war. Dann kam ihm allerdings der tröstende Gedanke, dass sein kleiner Zeh jetzt schon im Himmel bei den Ahnen war. Ein Stück von ihm war also vielleicht schon bei Simran, seiner Mutter. Das gefiel ihm!

»Ich danke euch für meine Rettung«, murmelte er.

Doch der Alte winkte ab: »Danke nicht uns – es war Karma.«

»Karma?«, fragte Aiji verständnislos, »wer ist das? Sag es mir, damit ich mich bei ihr bedanken kann.«

Das Männlein glotzte Aiji erst überrascht an, dann brach es in sein meckerndes Lachen aus, das wie Glasmurmeln über den Steinboden hüpfe. Selbst den stummen Mönchen fiel es plötzlich schwer, ernst zu bleiben. »Karma ist keine Frau – obwohl? Keine schlechte Idee …« Dann winkte es ab, als verwerfe es den Gedanken wieder, und rieb sich nachdenklich das Kinn. »Das kann nicht sein, dass du es nicht weißt. Du hast die letzten Tage im Fieberwahn gesprochen, und wir wissen, du kommst aus dem Land der aufgehenden Sonne. Auch da hat unser aller Meister und Lehrer Buddha schon längst seine Spuren hinterlassen. Also hat er auch die Lehre des Karma verbreitet. Nun, ich hoffe, nur dein kleiner Zeh ist abgefroren und nicht auch noch deine Erinnerung!« Aiji erschrak furchtbar. »Wir werden sehen. Die Zeit wird es weisen. Ähi! Also! Karma heißt: Es sollte so sein! Es war Schicksal, wie andere dazu sagen, kleiner Schüler.«

»Warum sagt ihr immer ›kleiner Schüler‹ zu mir?«, wollte Aiji wissen, »ich habe jetzt keine Zeit zu lernen. Ich muss weiter, ich habe eine Aufgabe zu erfüllen.«

Das Männlein nickte gütig. »Ja, das haben wir alle: die Aufgabe weiterzukommen! Wenn auch vielleicht in einem anderen Sinn als du es denkst. Da bist du bei uns genau richtig, wenn du lernen möchtest, wie das geht.«

Da fragte Aiji: »Folgt ihr auch Bushido, dem Weg des Kriegers?«

»Gut, ähi!«, sagte das Männlein, »wie ich sehe, scheint dein Gedächtnis nur ein wenig Pause gemacht zu haben. Du erinnerst dich. Ähi!« Dann dachte das Männlein wieder nach. »Bushido, das sind doch eure Regeln in Japan für das Leben des Kriegers, nicht wahr?«

»Für den Weg des Kriegers«, korrigierte ihn Aiji.

»Weg – Leben«, das Männlein zuckte mit den Schultern, » wo ist da der Unterschied? Gehst du einen Weg, so ist er dein Leben. Führst du ein Leben, ohne dich vom Fleck zu bewegen – so ist eben dies dein Weg. Ähihi! Wenn du es so verstehst: Ja, wir machen auch Bushido. So eine Art jedenfalls! Wir versuchen, uns vom Leiden des Lebens zu befreien, indem wir es annehmen und es als Übung betrachten.«

O ja! Aiji erinnerte sich noch gut an das, was Masanobu ihm und Shunsho über Bushido eingetrichtert hatte. Vielleicht hatte er beim Stichwort »Karma« einfach nur im Unterricht gefehlt.

»Ja, genau, Bushido – alles, was dir begegnet, soll dich weiterbringen auf deinem Weg«, sagte der kleine Japaner.

Das Männlein wackelte mit dem Kopf. »So ungefähr jedenfalls. Was im Augenblick dein Fortkommen etwas verzögern könnte, sind zum einen deine Füße. Es sei denn, du willst auf den Händen laufen. Ähihi! Und zum anderen solltest du einmal einen Blick hinaus werfen.« Mit diesen Worten ging das Männlein zur Wand und stieß den Fensterladen neben dem Bett auf. Aiji verschlug es die Sprache. Er blickte auf die Flanke eines Berggipfels, die jäh in die Tiefe stürzte. Das Kloster selbst musste über dem Abgrund hängen. Und da war noch etwas: Schneemassen. Alles war dick eingeschneit, mehr als mannshoch. Kein Erwachsener und erst recht kein Junge mit wunden Füßen würde bei dem Wetter auch nur einen Steinwurf weit kommen. Da fiel Aiji etwas ein. »Äh, Entschuldigung, Herr …«

»Jimpa, das ist mein Name«, sagte das Männlein und verbeugte sich vor Aiji.

»Jimpa. Vorhin hattet ihr etwas erwähnt, das ich nicht richtig verstanden habe: Ihr spracht davon, dass ihr *geflogen* seid? Wie die Vögel?«

Jetzt hüpfte Jimpa vor Freude auf und ab, bis ihm einer der anderen Mönche etwas zuraunte und er sich wieder sammelte. »Ja, geflogen! Wir haben es erfunden. Ähi, ähi! Wir haben es erfunden, aber niemand darf es wissen. Ähi! Sonst kommen sie alle und wollen auch eins haben.«

Aiji verstand kein Wort. »Was habt ihr erfunden?«

»Habe ich das noch nicht gesagt? Eine Himmelskutsche, eine Fluglaterne, ein Sonnenboot!«

Aiji dachte: »Dieser Jimpa muss verrückt sein.« Doch der plapperte weiter: »Wir lieben es, Dinge zu erfinden! Sonst ist es ja auch so langweilig hier!« Kaum hatte er das ausgesprochen, hielt er sich erschreckt den Mund zu und schielte zu den anderen Mönchen. Einer von ihnen starrte Jimpa an und schüttelte tadelnd den Kopf. Aiji war Feuer und Flamme bei dem Gedanken, dass so etwas möglich sein könnte: ein Gerät, mit dem man durch die Luft fliegen konnte!

»Zeigt es mir, ich will es sehen, bitte, lieber Jimpa!«, bat er den Mönch. Wieder wackelte der mit dem Kopf. »Erst einmal, kleiner Namenloser, musst du gesund werden. Schau dir deine Füße an! Das wird noch ein Weilchen dauern. Außerdem liegt sowieso zu viel Schnee.« Er hatte Recht – und Aiji wusste es. Also beschloss er, alles zu tun, um schnell wieder gesund zu werden. »Übrigens«, sagte er, »ich bin nicht namenlos. Ich heiße Aiji!«

»Schön! Ähi! Aiji«, grinste Jimpa, »willkommen bei uns!«

Am Ende des Weges?

Hei-Mi und Shunsho waren sehr betrübt und traurig, ja regelrecht verzweifelt. Chi-Wan und der Narbige vermochten sie kaum zu trösten: Aiji, ihr geliebter Freund Aiji schien verloren. An der Hängebrücke hatte das Schicksal für sie entschieden, und so traten sie traurig die Heimreise an.

Hei-Mi ritt auf Hoppe-Li neben ihren Gefährten Richtung Küste. Natürlich hatten auch sie von Dai-Lai eine Karte von China bekommen. Sie wollten nun zum Hafen von Hongkong, um von da aus über das chinesische Meer nach Shanghai zu segeln. Shunsho und der Narbige würden von dort auf einer Dschunke nach Japan gebracht. Der Krieg zwischen Song und Yuan schien zwar vorbei. Dennoch waren sie auf ihrem Weg zum Meer sehr umsichtig.

Als sie nach knapp dreißig Tagen Honkong erreichten, herrschte im Hafen ein so buntes Treiben, dass es einem bisweilen schwindelig werden konnte. Chi-Wan gelang es jedoch, in all dem Trubel einen Ort der Ruhe für die Nacht zu finden: eine Herberge mit Stall in einer etwas abseits gelegenen Gasse. Die drei Männer hatten ihre Tiere bereits versorgt und bereiteten in einem großen Raum ihr eigenes Lager. Hei-Mi blieb aber noch ein wenig länger bei Hoppe-Li, der sie gerne immer wieder etwas über Aiji ins Ohr flüsterte. Als wären sie Freundinnen, schnaubte und wieherte die kleine Stute, so als verstünde sie alles, was das Mädchen ihr zuraunte.

Plötzlich hob das Pferd den Kopf und schaute zur Stalltür. Es schien, als habe Hoppe-Li Witterung von etwas oder jemandem aufgenommen. Natürlich war nun Hei-Mis Neugierde geweckt. Leise verabschiedete sie sich von der kleinen Stute und schlich sich zum Stall hinaus. Als sie auf den Hof trat, traute sie ihren Augen kaum: Mit dem Rücken zu ihr standen da zwei großgewachsene Menschen. Der eine trug über den Schultern ein gewaltiges Löwenfell: Prinz Bansu? Und der andere war – Marco Polo! Hei-Mi schrie vor Freude auf.

Die beiden drehten sich um, und schon flog ihnen das Mädchen in die Arme. Selbstverständlich bekamen sie noch zwei Plätze im Zimmer ihrer Freunde. Während des Essens im Gastraum der Schenke erzählte zumeist Hei-Mi von dem vergeblichen Versuch, Aiji einzuholen, um ihn beschützen zu können. »Aber an der Brücke war alles zu Ende. Wir haben solche Angst, dass er nun wirklich verloren ist«, fügte sie traurig hinzu.

Der schwarze Prinz und der junge Venezianer waren bestürzt. »Ihr habt aber nichts darüber gehört, dass er tot aufgefunden wurde, oder?«, fragte Marco. »Nein, das nicht, aber wer sollte ihn auch in den Bergen finden?«, sagte Shunsho. Bedrückt beendete die kleine Gesellschaft ihr Mahl.

Später erzählte Marco Polo, dass er zusammen mit dem afrikanischen Prinzen und etlichen Begleitern vorhatte, am Fuß des Himalayas nach Delhi in Indien zu reisen. Prinz Bansu, der schon seit langer Zeit Moslem war, fuhr fort, dass er im Frühling zu einer Pilgerfahrt verabredet sei: »Die beiden Wissenschaftler, die ich dort treffen werde, sind genau wie ich Freunde des Sultans von Delhi und …« Da unterbrach Hei-Mi den Prinzen und fragte: »Kann man von dort aus hoch auf das ›Dach der Welt‹?«

»Du gibst Aiji nicht auf, stimmt's?« Marco Polo lächelte sie an.

»Ja!«, antwortete die kleine Chinesin. »Dass wir euch getroffen haben, ist für mich ein Zeichen.«

Chi-Wan blickte die Tochter seines Herrn recht ungläubig an. »Schau nicht so, Chi-Wan! Lass uns Aiji finden. Lass uns Gewissheit haben, ob er noch lebt oder …«

»Er lebt! Ich weiß es!«, rief Shunsho.

Aber Narbengesicht, der mittlerweile recht gut Chinesisch verstand, zog eine Grimasse. Noch weiter reisen wollte er nicht, Aiji hin, Aiji her! Hei-Mi, die inzwischen in seinem Gesicht lesen konnte, meinte nur: »Soweit ich mich erinnere, hast du einen Befehl. Sogar zwei Befehle!«

»Richtig!«, mischte sich Shunsho ein: »Einmal von der Dame Beniko, der Amme des Tenno …«

»Und dann von meinem Vater, dem Dai-Lai!«, ergänzte Hei-Mi. Sie rückte ganz nah an ihn heran und setzte ihr lieblichstes

Lächeln auf. »Sei ehrlich: Wir Kinder sind ohne dich doch vollkommen schutzlos!« Als sie dann noch mit den Wimpern klimperte, war es um den riesigen Samurai geschehen. Dröhnend lachte er und sagte auf Chinesisch: »Das stimmt!« Errötend hielt er sich den Mund zu. Da brach die ganze Gesellschaft in ausgelassenes Gelächter aus. Und so reisten sie schon am nächsten Morgen so früh es ging alle gemeinsam Richtung Indien.

Ein Kloster voller Wunder

Es dauerte mehrere Wochen, bis Aiji wieder ganz der Alte war – abgesehen von seinem kleinen linken Zeh natürlich. Nicht nur diese Wunde musste heilen, Aiji hatte sich auch tüchtig erkältet und war durch die Strapazen der langen Reise ziemlich abgemagert. Also aß er jeden Tag so viel er konnte. Er war der Einzige, der das durfte. Die Mönche mussten sich mit einer kleinen Schüssel Suppe oder Gemüse und zwei bis drei Händen voll Reis begnügten. Zu trinken gab es Himalaya-Schneetee. Der wurde in einem riesigen Blechtopf über dem Feuer geschmolzen.

Im Kloster lebten nicht nur erwachsene Mönche, sondern auch mehrere Kinder und Jugendliche, die meist aus armen Bauernfamilien stammten und hierher gebracht wurden, damit sie ein besseres Leben hatten als ihre Eltern. Nach kurzer Zeit kannte Aiji alle, denn natürlich wollten sie seine Geschichte hören – sogar die alten Mönche, die immer so schauten, als würde sie nichts mehr in der Welt interessieren. Viele Abende saßen sie nach endlosen Meditationen um Aijis Bett in der Küche, lauschten seinen Geschichten und fragten ihm Löcher in den Bauch über Japan, China, die Seefahrt und über diesen Marco Polo aus dem fernen Venedig. Er hatte so viel erlebt in den letzten Monaten, dass er vieles fast schon wieder vergessen hatte. Es fiel ihm erst wieder ein, als er den Mönchen davon berichtete.

Was Aiji merkwürdig fand, war, dass sich die Mönche nicht im Geringsten über das Ziel seiner Reise wunderten. »Ah, den Schlafplatz der Sonne finden«, meinte Jimpa, »das ist ein so wunderbar klares Ziel.« Er schwärmte weiter: »Wir suchen den Eingang ins Nirwana, das Paradies, über den Weg der Erleuchtung. Glaube mir – das ist auch nicht besser. Ähi!« Kaum hatte er es gesagt, hielt er sich wieder die Hand vor den Mund und zog die Schultern ein. Von dem Mönch neben sich erntete er einen Knuff in die Rippen und eine zischelnde Ermahnung.

Nach vielen Tagen mit Kräuterfußbädern, Tinkturen und Massagen waren Aijis Füße wieder soweit hergestellt, dass er gehen konnte. Nun würde er endlich das Geheimnis der Mönche kennenlernen!

Doch zuerst machte Jimpa mit ihm eine Klosterführung. Bisher hatte er ja nur die Küche, den Flur und das Klosett zu Gesicht bekommen, zu dem ihn immer ein Mönch hatte tragen müssen. Doch das Kloster hatte noch viel mehr zu bieten! Zum Beispiel eine große Halle, deren hohes Dach von riesigen Holzsäulen getragen wurde. Das Kopfende der Halle erhöhte sich zu einem Podest, auf dem der Abt Rimpoche Günai während der stundenlangen Meditationen saß. Daneben gab es mehrere Vorratsräume für verschiedene Lebensmittel, die Schlafsäle der Mönche, Waschräume und Werkstätten: eine Schmiede mit unzähligen verschiedenen Hämmern und Zangen; eine Schreinerwerkstatt mit Sägen, Hobeln, Messern und Stemmeisen, Beilchen und Bohrern; eine Farbenwerkstatt mit Dutzenden von Töpfen und Tiegeln, aus denen süße und stechende, stinkende und saure Gerüche strömten. Dann gab es noch die Bibliothek. An ihren Wänden standen lange Regale, die gefüllt waren mit Schriftrollen. Es mussten Tausende sein. Fast immer, wenn Aiji in den nächsten Wochen daran vorbeikam, saßen ein paar Mönche dort, studierten die Schriften oder schrieben mit Gänsekielen auf Papier.

Das wirklich Besondere an diesem Kloster war jedoch ein großer Saal, zu dem Jimpa Aiji mit feierlicher Geste die breite Tür öffnete. Es war eine weite Halle, deren Dach jedoch nicht von Säulen getragen wurde, sondern von einer kunstvollen Balkenkonstruktion. »Dies ist der Raum der Dinge«, verkündete Jimpa stolz.

»Welche Dinge?«, fragte Aiji.

»Eine Ahnung und keine Ahnung. Ähi!«, freute sich Jimpa. »Zunächst einmal ist es der Raum der Dinge, die wir schon erfunden haben – und dann natürlich auch derjenigen, die wir noch erfinden werden. Da wir noch nicht wissen, was das alles sein wird, nennen wir sie einfach: Dinge! Jedenfalls, bis uns ein besserer Name einfällt, Aiji. Ähi!«

Plötzlich gab es neben ihnen einen lauten Knall und mächtig viel Qualm. Der Junge zuckte zusammen und wunderte sich, dass Jimpa sich nicht erschreckt hatte. Aus dem Qualm sprang ein Mönchlein auf sie zu. Sein Gesicht war rußverschmiert, genau wie seine Hände und seine orange Kutte, aber seine Augen leuchteten.

»Es funktioniert! Es zündet! Jimpa, es brennt!« Und Jimpa hüpfte wieder vor Freude auf und ab wie ein Gummiball. Andere Mönche waren nicht so begeistert und maulten den Explosionsmönch an. »Ihr seid ja nur neidisch«, gab der lächelnd zur Antwort.

Als sich der Qualm verzogen hatte, sah Aiji, dass in der Halle noch etliche Männer an verschiedenen »Dingen« herumwerkelten. Einer dengelte an einer Werkbank an einem rechteckigen Stück Blech herum, das er sich von Zeit zu Zeit unter seiner Kutte über seinen Oberkörper schob. Dann klopfte er von außen darauf, um zu prüfen, ob es richtig saß. Ein anderer arbeitete an einer Art Öllampe, an deren oberem Ende ein langes Rohr befestigt war, aus dem eine kleine Flamme züngelte. Zuerst machte der Mönch mit einem kleinen Hebel Pumpbewegungen am Lämpchen, dann hielt der es vorsichtig mit dem Rohr von sich weg, kniff die Augen zusammen und drückte einen Knopf. Aus dem Rohr schoss eine zehn Schritt lange Feuerlanze. Aiji erstarrte. Er dachte an Kublai Kahn, der versuchte, die ganze Welt zu erobern. Eine solche Waffe würde ihm sicherlich gefallen und wäre ein fürchterlicher Schrecken für seine Feinde.

Als hätte Jimpa seine Gedanken erraten, sagte er: »Keine Angst! Wir erfinden viel mehr friedliche ›Dinge‹ als ›Waffen-Dinge‹.

Doch weißt du, dieses Erfinden scheint tief in der Seele des Menschen vergraben zu sein. Als Mönche unterscheiden wir uns darin nicht von den anderen. Neugierig, wie wir sind, entwerfen wir auch immer wieder Dinge, die anderen dazu dienen könnten, zu zerstören. Aber bevor es dazu kommt, zerstören wir diese ›Dinge‹ wieder. Das haben wir geschworen.« Aiji war beeindruckt.

»O, sieh mal, kleiner Schüler!« Das Männlein deutete in eine Richtung: »Da drüben werden gerade Flügel gebastelt, solche wie die von Vögeln.« Fasziniert schaute Aiji zu den beiden Mönchen, die daran arbeiteten. Da kam ihm die Frage in den Sinn, die er schon die ganze Zeit hatte stellen wollen: »Und wo ist dieses Himmels … äh … Sonnenboot?«

Jimpa fasste ihn an den Schultern und drehte ihn einmal um die eigene Achse. Aiji klappte der Mund auf. Er stand vor einem riesigen Ballon, der bis hinauf zur hohen Decke reichte. Seine schlaffe Haut war mit Bändern an der Balkendecke und an den Wänden befestigt, sodass sie glatt und ohne Falten war. Unten am Ballon war eine Art großer Korb befestigt, der Platz für vier Männer bot. In der Mitte auf einem Sockel ruhte eine metallene Kugel, aus der ein Rohr hinaufstieg bis unter den Rand des Ballons. Neben dem Korb hingen an Gestellen an der Wand seltsame Anzüge: dick gepolsterte, graue Hosen und Jacken mit Kapuzen, die nur das Gesicht frei ließen. Auf einer Bank aufgereiht lagen Masken, die aus dunklem Leder gefertigt und auf der Innenseite ebenfalls gepolstert waren. Darunter standen Paare von ähnlich gearbeiteten Stiefeln. Aiji erinnerte sich an seinen Traum im Schnee mit den dunklen Gestalten. Das waren also gar keine Dämonen oder Engel, es waren die Mönche in ihren seltsamen Verkleidungen gewesen! »Wozu dienen diese Anzüge?«, wollte Aiji wissen.

Jimpa hüpfte wieder in die Höhe, als hätte er es gar nicht erwarten können, dass Aiji diese Frage stellte. »Das sind unsere Fluganzüge! Sie schützen uns vor der Kälte. Denn da oben, ähi, da herrschen im Sommer wie im Winter wahrhaft frostige Temperaturen. Ohne solch einen Anzug würde man sterben oder zumindest sehr krank werden. Wir haben lange an ihnen gearbeitet. Den Stoff haben wir mit dem Fett der Yaks, unserer Rinder, eingerieben. So ist es dicht gegen Regen, und der Wind bläst nicht hindurch. Die Anzüge haben zwei Stoffschichten, und dazwischen haben wir Yakwolle gestopft. Die hält schön warm, ähihi! Zudem gibt es ein System aus Lufttaschen, das wir auch noch eingebaut haben. Es ist über einen Schlauch mit der Maske verbunden.« Aiji schaute Jimpa groß an. Er erklärte: »Dort oben ist die Luft so dünn, dass wir ohne diese ›Windbeutel‹, wie wir sie nennen, nicht atmen könnten!«

Aiji kam ein Gedanke. »Ist es möglich, mit der Fluglaterne in eine bestimmte Richtung zu fliegen?«

Jimpa wackelte mit dem Kopf: »O, o, ich weiß schon, was dem kleinen Krieger durch den Kopf geistert. Ich glaube, Rimpoche Günai wird nicht einverstanden sein, dass du unsere Fluglaterne bekommst für deine Reise. Aber vielleicht … vielleicht … bekommst du ja eine andere. Ähi!« Jimpas Gesicht strahlte. Und Aiji fasste neuen Mut.

»Du meinst: Du würdest mir eine bauen?«, fragte er.

»Mit dem größten Vergnügen, o Weitgereister! Vorausgesetzt, unser Meister ist einverstanden.« Ehe Aiji noch etwas entgegnen konnte, hatte Jimpa auf dem Absatz kehrt gemacht und wuselte mit seinen klappernden Holzsandalen in Richtung Bibliothek, in der sich der Abt zu dieser Tageszeit gewöhnlich aufhielt. Der hörte dem kleinen Mönch sehr aufmerksam zu. Als der geendet hatte, überlegte Rimpoche Günai eine Weile. Dann nickte er. Vor dem Abendessen verkündete er seinen Entschluss, eine neue kleinere Fluglaterne zu bauen. Die Mönche nickten ebenfalls und begannen sofort miteinander zu tuscheln und Ideen auszutauschen, wie sie das Fluggerät noch besser machen konnten. Der Abt musste sie mit einem knallenden Schlag seines langen Steckens zur Ordnung rufen.

Vor dieser Nacht nahm Aiji das erste Mal an der Meditation teil. Rimpoche Günai hatte nämlich zur Bedingung gemacht, dass der kleine japanische Gast bis zu seinem Abflug das Leben im Kloster noch ausreichend kennenlernen sollte, um die Perlenkette an Weisheiten, die er auf seiner Reise erwarb, um eine besonders wertvolle Perle ergänzen zu können. Außerdem sollte er noch in der indischen Volkssprache Hindi unterrichtet werden. Denn was Aiji von seinem Auftrag und insbesondere von seiner Mutter erzählte, brachte die Mönche zu der Erkenntnis, dass er wohl ein Enkel des Sultans von Delhi war. Daher beschloss man, ihn zu seinem Großvater nach Indien zu schicken. Von da aus würde er dann weiter seinem Auftrag nachgehen können, den Schlafplatz der Sonne zu finden.

Mit geradem Rücken saßen die Mönche im Lotossitz in langen Reihen hintereinander im Meditationsaal. Alle waren wie immer in leuchtendes Orange gekleidet und Aiji saß mitten unter ihnen. Ihre gemurmelten Gebete: ein endloser Singsang. Zunächst fiel es dem Jungen schwer, so lange still dazusitzen. Er dachte an seinen Unterricht zu Hause, den er und Shunsho immer für unendlich lang gehalten hatten. Aber hier? Nein, Zeit spielte für die Mönche wirklich keine Rolle. Aiji kannte ihre Gebete und Gesänge nicht, so lauschte er einfach dem Murmeln und Raunen, den kehligen Stimmen und den Glockenschlägen und Zimbeln, die die Meditation begleiteten. Und langsam vergaß er alles um sich herum: Er vergaß, dass er in einem Raum saß. Er vergaß das Kloster und sogar die Fluglaterne. Da waren nur noch diese Stimmen der Mönche. Sie wurden zu einem breiten, glucksenden Fluss, und die Geräusche der Zimbeln erschienen ihm wie Felsbrocken darin. Plötzlich spürte er eine tiefe Ruhe in sich. Jetzt wusste er, wie und warum die Mönche es aushielten, so lange stillzusitzen: Sie gingen auf eine innere Reise, um den Frieden in sich selbst zu finden.

Wenn sie nicht meditierten oder ihre Kampfkunst trainierten, arbeiteten sie unter der Aufsicht und dem Oberbefehl von Jimpa an der Fluglaterne. Yakfelle mussten gegerbt, gespalten, zusammengenäht und abgedichtet werden. Aus im Wasser eingeweichten Weidenruten musste ein neuer Korb geflochten werden. Allein drei Männer beschäftigten sich damit, einen Fluganzug für Aiji zu fertigen. Stundenlang nahmen sie Maß, hielten halbfertige Ärmel oder Beinlinge zur Probe an ihn, schüttelten verzweifelt die Köpfe, diskutierten, stritten, versöhnten sich wieder – und schließlich war der Anzug fertig!

Der Feuermönch hatte sich etwas Neues ausgedacht: Er baute nicht nur eine neue kleine Öllampe für die Laterne, sondern dachte sich einen Weg aus, wie man Aiji einen größeren Vorrat an Öl mitgeben konnte. Dazu schmiedete er einen Deckel, von dem ein dünner Schlauch aus eingefettetem Yakleder zur Öllampe führte. Auf dem Deckel war ein Pumphebel angebracht. Das Ganze konnte man auf ein kleines Ölfass montieren. Und wenn das Fass leer war, ließ sich der Deckel mit der Pumpe durch wenigen Handgriffen auf ein anderes Fass montieren. So würde Aiji so viel Öl für die Lampe mitnehmen können, wie die Fluglaterne eben tragen konnte.

Verborgene Talente und ein langer Weg

Die Reisegesellschaft mit Prinz Bansu, Marco Polo, Hei-Mi, Shunsho, Chi-Wan und dem Narbigen wurde begleitet von zwei Dienern und vier Soldaten. Es waren die besten Kämpfer Dai-Lais. Sie trugen aber keine Uniformen, sondern sahen wie ganz gewöhnliche Reisende aus. So mussten sich Hei-Mi und die anderen keine Sorgen machen, dass sie vielleicht Aufsehen erregten. Sie kamen gut voran auf ihrem Weg. Das Wetter war zwar wie erwartet zu dieser Jahreszeit bisweilen sehr launisch, aber der reiseerfahrene Marco Polo hatte für alles vorgesorgt. Nur auf eines waren er und der schwarze blinde Prinz nicht vorbereitet: Welch ausgezeichneter Koch sich hinter der manchmal einfältigen Fassade von Chi-Wan verbarg. So wurden ihnen zum Abendessen, wenn sie im Freien lagern mussten, bisweilen Köstlichkeiten serviert, die ihnen angenehm volle Bäuche bescherten.

Narbengesicht fand im Alltag endlich seine Sprache wieder, und das verbesserte seine Laune erheblich. Um genau zu sein: Er verständigte sich mittlerweile gar nicht so schlecht auf Chinesisch, nachdem sie im Südwesten das riesige Reich von Kaiser Shizu verließen.

Auf ihrer Reise durch das farbenprächtige Birma kamen sie Indien immer näher. Doch es war ein langer Weg von Hongkong nach Delhi, und obwohl sie am Fuß der gewaltigen Berge des Himalayas recht zügig an Buthan und Nepal vorbeiziehen konnten, würden sie doch fast dreizehn Wochen bis zu ihrem Ziel brauchen.

Der Aufbruch

Nach wochenlanger Vorbereitung war die Fluglaterne endlich fertig. Jimpa platzte fast vor Stolz. Im Beisein aller Mönche wurde auf Geheiß von Rimpoche Günai die Öllampe entzündet. Die von der Flamme aufsteigende warme Luft füllte den Ballon aus dünnem Yakleder, bis er prall über ihnen schwebte und die Seile ächzen ließ, an denen der Korb befestigt war. Der Abt nickte zufrieden. »Die Reise des kleinen Schülers und Kriegers, des tapferen Aiji, soll morgen beginnen«, verkündete er allen.

Die Mönche brachen in Jubel aus. Aiji schüttelte den Kopf. Morgen schon! Nun hatte er sich hier so lange aufgehalten, dass er sich fast schon ein bisschen zu Hause fühlte. Die jubelnden Mönche rissen ihn aus seinen Gedanken. Viele Hände klopften ihm auf die Schultern und beglückwünschten ihn. Er konnte es noch gar nicht glauben. Morgen würde das größte Abenteuer seines Lebens beginnen: Er würde fliegen!

In dieser Nacht gab es keine Ruhe im Kloster. In der Küche wurden die Vorräte für Aiji gepackt. Im Raum der Dinge inspizierten die Mönche noch einmal ihre neue Fluglaterne. Sie bestückten sie mit fünf Fässchen Öl, diskutierten und gestikulierten und einigten sich schließlich auf eine bestimmte Anzahl von Sandsäcken, die als Gewichte außen am Korb angebracht wurden.

Jimpa erklärte Aiji, wie er mit der Öllampe umgehen musste: »Wenn du fliegst, hängt alles von der Öllampe ab. Sie darf nicht ausgehen, sonst erkaltet die Luft im Ballon sehr schnell und du fällst aus dem Himmel wie ein Stein. Ähi!« Jimpa räusperte sich, als er bemerkte, dass Aiji das überhaupt nicht komisch fand. »Also hier siehst du das kleine Rädchen an der Öllampe. Drehst du es nach rechts, wird die Flamme größer, nach links wird sie kleiner. Größere Flamme – wärmere Luft – höher steigen. Ganz einfach, ähihi!« Aiji nickte. Jetzt wurde ihm doch ganz schön mulmig. »Und da ist dein Vorrat an Öl.« Jimpa deutete auf die anderen Fässer. »Du montierst einfach den Deckel von einem Fass auf das andere. Wenn alle Fässer leer sind und du noch in der Luft bist … äh … tja, dann …«

»Schon klar«, fiel ihm Aiji ins Wort, »falle ich aus dem Himmel wie ein Stein.«

Jimpa wackelte mit dem Kopf und nickte. »Ähi!« Da umarmte Aiji den Alten und sagte aus vollem Herzen: »Danke, Jimpa! Danke für meine Rettung und überhaupt …!«

Nachdem Aiji noch einmal seinen warmen Fluganzug angezogen hatte und die Mönche überzeugt waren, dass alles gut saß, wurde die Laterne fertig beladen. Sie war startklar. Doch bevor Aiji endlich ins Bett konnte, um wenigstens ein bisschen zu schlafen, rief ihn Rimpoche Günai zu sich. Der Abt hatte vor sich eine Karte des Himalaya ausgerollt.

»Aiji, da deine Mutter eine Tochter des mächtigen Sultans Balban von Delhi ist, halten wir es nach wie vor für weise, dich zu ihm zu schicken. Er wird dir sicher Begleitschutz auf deiner weiteren Reise geben. So fliege zu deinem Großvater. Wir haben berechnet, dass die Winde morgen günstig stehen, wenn du nicht zu hoch steigst mit dem Himmelsboot. Hier, diese Karte geben wir dir mit. Sie zeigt dir die wichtigsten Punkte in der Landschaft, die du auch von oben erkennen kannst, damit du immer weißt, wo du bist. Und hier hast du eine weitere Erfindung eines Mönches, der längst gestorben ist. Er hat sie ›Südzeiger‹ genannt. Die Nadel dieses Kästchens weist immer nach Süden. So kannst du sehen, ob deine Flugrichtung stimmt. Sie muss ab Lhasa Süd-Westen sein.« Mit diesen Worten rollte der Abt die Karte zusammen und überreichte sie Aiji.

Der Junge verbeugte sich. »Für heute ist es gut, kleiner Krieger. Jetzt geh schlafen. Du brauchst all deine Kraft in den nächsten Tagen.« Aiji nickte und zog sich gerne zurück, denn eigentlich war er im Kopf schon in den Wolken. Wenn die Winde wirklich günstig blieben, würde er seinen Großvater kennenlernen, Sultan Balban von Delhi! Der würde ihm von Simran erzählen und er ihm von Masanobu und vielleicht ... Es dauerte sehr lange, bis Aiji in dieser Nacht einschlafen konnte.

Den Göttern entgegen

Als Aiji am nächsten Morgen aufgestanden war, zog er seinen grünen Kimono mit dem roten Drachen darauf an und packte seine übrigen Habseligkeiten zusammen. Als er in den Raum der Dinge kam, hörte er ein merkwürdig kratzendes Geräusch. Es schien von oben zu kommen, von der Balkendecke. Er hatte schon Angst, sie würde vielleicht unter den Schneemassen zusammenbrechen, denn es hatte die ganzen Wochen, die er im Kloster verbracht hatte, immer wieder ausgiebig geschneit. Doch Jimpa beruhigte ihn: »Das ist nur eine kleine Überraschung. Ähi!«

Aiji schaute nun in den Korb der Fluglaterne und prägte sich genau ein, was und wo alles verstaut worden war. Da trat Rimpoche Günai mit allen Mönchen ein. Der Abt trug ein feierliches Gewand, zwei Schüler hielten kleine qualmende Gefäße in ihren Händen. Nun wollten sie noch Buddhas Schutz für Aijis gefährliche Weiterreise in einer letzten gemeinsamen Zeremonie erbitten.

Während Jimpa und ein weiterer Mönch Aiji in seinen Fluganzug steckten und ihm in die Stiefel halfen, sangen die andern. Der kleine alte Mönch hatte dem Jungen gerade etwas umständlich und unter vielen »Ähis!« in den Korb des Himmelsbootes geholfen, als ein anderer herankam und ihm Hui-Fui in ihrem Käfig in die Hand drückte. Auf ein Zeichen Rimpoche Günäis verstummten alle. Während Jimpa hinter ihm die Öllampe entzündete und sich der Ballon allmählich mit heißer Luft füllte, ergriff Aiji die Gelegenheit, verbeugte sich vor den versammelten Mönchen, seufzte tief und sagte voller Inbrunst: »Danke euch allen!«

Jetzt verneigte sich auch noch einmal der Abt: »Aiji, wir danken auch dir, dass du uns besucht hast. Deine Geschichte wird in die Schriften der Welt eingehen, und kommende Generationen werden deinen Mut bewundern. Möge Gautama Buddha dich leiten und sicher ans Ziel deiner Reise bringen!«

Aiji wollte gerade die lederne Gesichtsmaske anlegen, als ihm noch etwas Wichtiges einfiel: »Äh, Entschuldigung – wie soll ich eigentlich losfliegen? Wir sind ja, nun, in einem Raum?«

Einmal mehr brachen die Mönche in heiteres Lachen aus. Jimpa meinte: »Aiji! Ich sprach vorhin von einer Überraschung. Nun! Dies ist der Raum der Dinge, aber auch der Raum selbst ist ein Ding, das wir uns ausgedacht haben.« Dann rief er einen Befehl. Und wie durch Zauberhand öffnete sich in der Balkendecke eine riesige Luke. Lautlos segelten Schneeflocken herein. Aiji staunte. O, diese Mönche! Was waren sie doch für findige Gesellen!

Er legte seine Kälteschutzmaske an und verschnürte sie mit einem Lederriemen hinter seinem Kopf. Dann verband er sie durch zwei Schläuche mit seinem Anzug. Ächzend hob sich der Korb der Fluglaterne und schwebte, gehalten von zwei Tauen, einen Fuß über dem Boden. Aiji hielt sich an der Brüstung fest. Neben ihm stand noch immer Jimpa, der sich wie ein Kind über sein Werk freute. Er winkte seinen Mönchsbrüdern zu.

»Jimpa!«, rief ihn Rimpoche Günai zur Ordnung, »du bleibst hier!« Jimpa seufzte und zuckte mit den Schultern. »Ähi! Ich weiß!« Doch wie gerne wäre er mitgeflogen! »Ich werde dich nie vergessen, Jimpa«, sagte Aiji durch seine Maske. Als der kleine alte Mönch aus der Gondel kletterte sagte er leise: »Ich dich auch nicht, kleiner Krieger. Und nun flieg los! Möge Buddha dir eine sanfte Landung in Delhi bescheren. Auf dass der Schlafplatz der Sonne dann nicht mehr weit ist. Ähi!«

Jimpa löste die beiden Taue, und die Fluglaterne stieg lautlos durch die Luke in den Himmel. Die Mönche winkten nach oben, Aiji winkte nach unten, bis die Öffnung im Dach des Raumes der Dinge immer kleiner wurde und schließlich ganz verschwand.

Aiji war wieder allein. Doch er hatte keine Zeit, sich darüber Gedanken zu machen. Er flog – frei wie ein Vogel! Da fiel ihm endlich Hui-Fui ein: Er öffnete ihre Käfigtür und ließ sein Täubchen frei. Sie flatterte glücklich erst um ihn herum, umrundete dann dreimal den Ballon und setzte sich schließlich auf den Rand des Korbes. Aiji starrte in die Tiefe. Weit unten sah er ein Dorf und zwei winzige Punkte, die sich einen Weg entlang bewegten – das musste ein Mann mit einem Esel oder einem Yak sein. Wie klein das alles war!

Immer höher stieg die Fluglaterne. Aiji dachte gerade an die Worte des Abtes, er solle nicht zu hoch fliegen, da erfasste ein gleichmäßiger Luftstrom sein Gefährt. »Nach Westen, bring mich nach Westen«, murmelte Aiji. Er zog den Südzeiger hervor: Ja, der Wind trieb ihn nach Westen. Der Himmel war mittlerweile wolkenlos und sie flogen mit der Sonne dahin. Aiji lächelte und genoss, was er unter sich sah. Eine ganze Zeit lang stand er so da. Es musste lausig kalt sein, denn Aiji fröstelte sogar in seinem gefütterten Fluganzug. Er wollte sich gar nicht ausmalen, wie er wohl ohne diesen frieren würde.

Weit unter ihm lag nun ein riesiger See, dunkel, mit weißen Rändern, wie ein Fleck Tinte in der verschneiten Landschaft. Aiji blickte zum Horizont. Er flog nach Westen, soweit, so gut. Erst am nächsten Morgen würde Lhasa, hoch im Tibet gelegen, unter ihm auftauchen. Ab da trieben die Winde ihn nach Süd-Westen, hatten die Mönche berechnet. Er schaute nach unten und sagte dann zu sich selbst: »Ich vertraue ihnen!«

Obwohl es so bitterkalt und die Luft sehr dünn war, atmete Aiji, als sei er unten am Boden. Viele Stunden stand er an der Reling der Gondel, was er nur unterbrach, wenn er sein Öllämpchen kontrollierte. Immer wieder blickte er auch auf den Südzeiger, verglich die Nadel darauf mit einem roten Band, das Jimpa an ein Seil geknotet hatte und dessen Flattern anzeigte, in welche Richtung er gerade getrieben wurde. Ja, er folgte immer noch der Sonne hinterher nach Westen.

So still war es hier oben! Aiji setzte sich auf den Boden und lehnte sich gegen die Bordwand. »Nur einen Augenblick ausruhen«, dachte er glücklich – und schon er war eingenickt. Etwas unsanft wurde er geweckt. Hui-Fui saß auf seiner Schulter und hämmerte mit dem Schnabel gegen seine Maske. Er fuhr hoch und bekam einen Riesenschreck: Vor ihnen türmte sich eine gewaltige Felswand auf.

Während seines kleinen Nickerchens war das Himmelsboot scheinbar gesunken. Aiji warf einen panischen Blick auf die Öllampe. Sie brannte. Aber nicht hoch genug! Sofort drehte er so sehr an dem Rädchen, dass die Flamme, die nun aus dem Rohr schoss, fast zwei Fuß lang war. Zum Glück! Augenblicklich begann die Fluglaterne wieder zu steigen. Doch nicht schnell genug. Drei Sandsäcke musste er hastig leeren, damit sie über den Gipfel kamen, keine Sekunde zu früh. Sie waren so nah an der Flanke der Felsen gewesen, dass Aiji sie hätte berühren können. Das war knapp! In diesem Moment packte eine Windböe das Luftgefährt von der Seite und trieb es zügig über den Berggrat.

Aiji segelte weiter über ein Meer weißer Gipfel. Die Sonne ließ auf den Flanken und in den Tälern die Schneefelder gleißen. Endlos zog sich der Tag dahin. Was den kleinen Japaner am Anfang so glücklich machte, wurde ihm am Ende des Tages sogar langweilig. Und als es Abend wurde, überfiel Aiji eine so große Müdigkeit, dass er neben dem leeren Fässchen an der Brüstung seines Korbes niedersank und den Kopf auf die Hände legte. Er versuchte noch krampfhaft, die Augen offen zu halten – doch bald wurde er vom Schlaf übermannt. Dieses Mal hatte er jedoch Glück: Sein Himmelsboot kam ruhig durch die Nacht. Als die Sonne ihre ersten

Strahlen schickte, schlug Aiji die Augen auf und gähnte der gurrenden Hui-Fui ein »Guten Morgen« entgegen. Er schaute sich um und sprang erschrocken auf, denn schlagartig wurde im wieder bewusst, wo er sich befand. Doch alles war wie gestern: Bergrücken, Seen, Bergrücken, Seen. Dann sah er in weiter Ferne recht große Gebäude im Gebirge. Das musste Lhasa sein! So hatten es ihm die Mönche beschrieben. Aiji wurde ganz aufgeregt. Und tatsächlich: Als er genau über Lhasa war, geschah das Unbegreifliche. Die Fluglaterne wurde in Richtung Südwesten, in Richtung Delhi getrieben!

Die Winde hätten in den kommenden Tagen jedoch etwas stürmischer sein dürfen. Es waren eher Lüftchen, und manchmal hatte er das Gefühl, regelrecht in der Luft zu stehen – das kostete ihn viel Öl. Er durchschwebte zwar weiterhin sonnige Tage und sternklare Nächte, aber am Ende des dritten Tages waren zwei weitere Fässer Öl verbraucht und das vierte schon an den Schlauch angeschlossen. Spätestens am Abend des nächsten Tages musste er landen. Aiji fragte sich, ob er überhaupt weit genug kommen würde …

Am Nachmittag des vierten Tages, als die Sonne tief stand, fiel das Gebirge unter ihm endlich ab in weites Flachland. Obwohl noch immer Winter war, lag hier immer weniger Schnee. Aus seinem luftigen Ausguck heraus sah Aiji die Felder und noch winterbraune Viehweiden unter sich wie die Flicken eines riesigen Teppichs. Die Siedlungen und Städte lagen von oben betrachtet sehr nahe beieinander. Wie sehen wohl die Felder Japans von oben aus?, fragte sich Aiji gerade, da riss ihn ein sirrendes Geräusch aus seinen Gedanken. Ein Pfeil schlug am Rand der Brüstung ein und durchbohrte gleichzeitig eines der Sandsäckchen. Der Leinenstoff zerriss, und ein Rinnsal von feinem Sand rieselte in die Tiefe. Hui-Fui flatterte aufgeregt und Aiji starrte hinunter.

Eine Horde Reiter, die mit den Fäusten nach oben drohten, folgte ihnen noch eine ganze Zeitlang. Sie befanden sich jetzt zwar irgendwo über flacherem Land, aber wo genau? Aiji hatte keine Ahnung. Vielleicht schon kurz vor Delhi? Vielleicht war er aber auch schon viel weiter geflogen? Aiji beschloss, weiter auf die Berechnungen der Mönche zu vertrauen und so lange zu fliegen, bis sein Vorrat an Öl verbraucht war. Er hielt länger als gedacht, und gegen Mittag des fünften Tages sah er in der Ferne eine große Stadt. Das musste Delhi sein!

Als hätte die Öllampe geahnt, dass die Reise zu Ende ging, flackerte sie nun und die Flamme wurde ziemlich klein. Sofort begann die Laterne zu sinken – zu schnell für Aijis Geschmack. Er warf die restlichen Sandsäcke über Bord und dann auch die leeren Ölfässchen, nachdem er die letzten Tropfen daraus in das fünfte umgefüllt hatte. Die Stadt war noch weit entfernt, und Aiji hatte wenig Lust, jetzt noch viele Tage Fußmarsch auf sich nehmen zu müssen, bevor er hoffentlich seinem Großvater gegenüberstehen konnte. Doch Wünschen half nichts, das Öl war verbraucht und schließlich verlosch die Flamme vollends.

Die Fluglaterne zog es nun immer schneller nach unten. Glücklicherweise flog Aiji nicht mehr besonders hoch, sonst wäre es sicher um ihn geschehen gewesen. Aber auch so machte er sich auf eine sehr ungemütliche Landung gefasst.

Dick eingepackt in warme Kleidung, mit Handschuhen und einer Maske, die ihm nur Sehschlitze ließ, saß er im Korb seines Luftvehikels, während die Erde jetzt in hoher Geschwindigkeit näher kam. Die Baumgrenze war schon erreicht. Einige Bauern auf den Feldern reckten die Hände zum Himmel. Andere duckten sich oder warfen sich zu Boden. Hui-Fui zog es nun vor, wieder selbst zu fliegen, und verabschiedete sich vom abstürzenden Fluggerät mit zwei lässigen Flügelschlägen. Da streifte der Korb einen Baumwipfel. Die Gondel begann zu taumeln und der Ballon wurde schlaff. So stürzte die Fluglaterne die letzten Meter wie ein Stein zur Erde und schlug unsanft auf. Aiji knallte mit dem Kopf gegen das leere Ölfass und purzelte ohnmächtig aus dem umgekippten Korb.

Großvater Sultan

Als er wenig später wieder zu sich kam, sah sich Aiji umringt von Bauern, die ihn mit ihren Hacken bedrohten und alle durcheinander redeten. Ihm brummte der Schädel. Als er sich an den Kopf fasste, wusste er plötzlich, warum die Bauern solche Angst vor ihm hatten: Er trug ja noch die Maske! Als er sie langsam vom Gesicht nahm, wich die Anspannung der Bauern großer Erleichterung: Es war kein Gott, der vom Himmel gefallen war – es war ein Junge! Und der lächelte freundlich und sagte auf Indisch: »Nur eine Maske! Nur eine Maske!« Da ließen sie ihre Waffen sinken. Aiji schälte sich aus seiner dicken Vermummung. Nun stand er da in seinem Kimono und grinste die Bauern an. Die umringten ihn lachend, klopften ihm auf die Schulter und redeten auf ihn ein. Er verstand, dass er tatsächlich im Sultanat von Delhi gelandet war, und war glücklich. Sie luden ihn ein, die Nacht als Gast im Dorf zu verbringen, doch da ertönten ein Hornsignal und gleich darauf ein tierisches Trompeten. Alle erschraken. Eben noch verdeckt vom Wald, erschien ein Trupp Soldaten. Zwei von ihnen saßen auf riesigen, grauen Tieren, die ihre langen Nasen bedrohlich schwenkten. Die Uniformierten machten nicht den Eindruck, als seien sie zum Vergnügen hier. Sie scheuchten die Bauern beiseite und umringten nun selbst den kleinen Japaner.

Aus ihren Gesten und rauen Befehle schloss Aiji, dass er verhaftet war. Sie packten die Reste der Fluglaterne und alles andere in die Weidengondel, und gleich darauf hievte das eine Untier das gesamte Paket auf den Rücken des anderen. Dann kam der lange Nasenschlauch des Tieres ganz langsam auf Aiji zu, der starr und stumm sein letztes Stündlein gekommen sah. Als er sich um den Jungen herum schlang, war er sich sicher, zerquetscht zu werden wie eine Laus. Aber er hatte sich getäuscht. Die Nase war kräftig, jedoch auch sanft. Er wurde in die Höhe gehoben und vor dem Reitersoldaten im Genick des Ungetüms, hinter dessen gewaltigen Ohren, abgesetzt. Dann befahl einer den Aufbruch, und der Tross setzte sich wieder in Bewegung.

Es war nicht ungemütlich hier oben. Am Anfang wurde Aiji von dem Geschaukel ein wenig schwindelig, aber dieses Gefühl mochte auch noch mit seiner Bruchlandung zusammenhängen. Bald fühlte er sich wieder richtig gut.

Hui-Fui war auf Aijis Schultern gelandet und hockte nun in seinen Handflächen. Die Soldaten erstaunte das schon sehr, aber sie ließen ihn gewähren. Nach ungefähr zwei Stunden erreichte der Zug ein prächtiges Stadttor. Sie ritten hindurch und geradewegs auf einen wunderschönen Palast zu. Andere Soldaten kamen im Gleichschritt die breite Empfangstreppe herunter. Die lange graue Nase bewegte sich wieder auf Aiji zu, umfasste ihn sehr zärtlich und setzte ihn am Boden ab. Dann stand er dort in einem Kreis von fremden Soldaten und harrte der Dinge, die da kommen sollten.

Das Wakizashi in seinem Bündel war wie alles andere in den Korb gepackt, der nun gerade weggetragen wurde. Aiji schaute ihm grübelnd hinterher, da öffneten die Soldaten den Kreis um Aiji, und flankiert von zwei Wächtern ging es die Stufen hinauf. Im Inneren des Palastes durchschritten sie drei reich verzierte Säle. Am Ende des vierten saß auf einem riesigen Diwan und in prunkvollen Gewändern ein älterer Mann. Er richtete sich auf und räusperte sich, als der Zug mit Aiji zum Stehen kam.

Lange sah er dem Jungen in die Augen. Dann befahl er den Soldaten in Sanskrit, der vornehmeren altindischen Sprache, in der Aiji von seinem Vater, vielleicht in Erinnerung an Simran, viele Stunden unterrichtet worden war, ihre Griffe zu lockern. Streng und ohne Umschweife fragte er Aiji: »Man erzählt, du seist vom Himmel gefallen. Bist du ein Gott?«

»Nein!«, antwortete Aiji fest.

»Gut!«, sagte sein vornehmes Gegenüber. »Sonst hättest du meinen Glauben erschüttert!«

Aiji, dem die eine und einzige Frage auf den Lippen brannte, verzichtete auf alle Höflichkeit, die man einem so fürstlich erscheinenden Menschen entgegenzubringen hatte, und platzte heraus: »Bist du Balban, Sultan von Delhi?«

Der legte den Kopf schief und fragte zurück: »Wer will das wissen?«

»Ich, Aiji, Sohn von Simran und Masanobu, Samurai des Tenno Kameyama von Japan!«

Dem Alten blieb der Mund offen stehen. Dann überlegte er laut: »Diese Augen, diese Nase, dieser Mund … wenn das stimmt, dann wärst du ja mein Enkel.« Er wischte sich kurz über die Augen, fasste sich aber sogleich wieder und meinte: »Bei Allah, verzeih! Bevor ich meinen aufwallenden Gefühlen freien Lauf lassen darf, muss ich dich genauer befragen!«

Und dann nahm er Aiji ins Verhör. Aber der kleine Japaner, der in einem Mischmasch aus Hindi, Sanskrit und Chinesisch antwortete, konnte alle Fragen zu seiner Familie und ihrer Geschichte beantworten, da Masanobu nie ein Geheimnis aus seinem Leben gemacht hatte. Je mehr Aiji ins Erzählen kam, desto mehr hellten sich die Züge Balbans auf, bis er schließlich mit Tränen in den Augen rief! »Aiji! Aiji! Komm in meine Arme!«

Die Diener und Wächter lachten, ja der ganze Hofstaat war gerührt, als der Herrscher seinem Enkel immer wieder über den Kopf streichelte und nicht genug von ihm bekommen konnte. Selbstverständlich wurden Aiji sofort seine Waffen, die Siegel und die Beutel mit seinem Geld und dem Blumensamen des Go-Uda gebracht, damit der Junge alle seine Habseligkeiten wieder bei sich hatte. Hui-Fui hatte man nach der Verhaftung ihres kleinen Besitzers in einen riesigen Vogelbauer mit Papageien und Sittichen gesteckt, wo es ihr gar nicht gut ging. Auf die Bitte Aijis hin brachte man sie nun in den fürstlichen Taubenschlag.

Balban war bestürzt, als er von seinem Enkel erfuhr, dass seine Tochter Simran von mongolischen Piraten geraubt worden und nun schon zehn Jahre verschwunden war. Sofort fasste er einen Entschluss: »Aiji! Hiermit gelobe ich, dass ich alles in Bewegung setzen werde, um herauszufinden, was deiner Mutter genau geschehen ist. Ich werde meine zehn besten Spione ins Reich des Kublai Khan entsenden. Wenn Simran noch lebt, werden wir es erfahren und sie befreien.«

»Danke, Großvater!« Aiji war erleichtert.

»Natürlich«, fuhr Balban fort, »setzen wir auch alles daran, deinen Auftrag auszuführen, so seltsam er auch klingt. Masanobu muss wieder gesund werden! Deshalb, mein tapferer Enkelsohn, werden meine fünf besten Leibgardisten diesen Auftrag für dich zu Ende bringen!«

»Großvater«, unterbrach ihn Aiji, »das geht nicht. Ich muss das selbst erledigen. Das ist Teil des Befehls unseres Tennos Go-Uda.« Balban überlegte eine Weile. Dann sagte er: »Gut, wenn das so ist, gebe ich dir meinen besten arabischen Hengst, auf dem du mitreitest.«

»Großvater, ich muss den Schlafplatz der Sonne alleine finden. Verstehst du? Ein Pferd wäre schon gut. Aber bitte ein einfaches, robustes, aber unauffälliges.«

Balban seufzte: »Nun gut! So sei es, Aiji!«

Balban ließ nun im gesamten Sultanat verkünden, dass sein Enkel, Sohn seiner siebten Tochter Simran, von der Insel der aufgehenden Sonne eingetroffen sei. Und Aiji genoss es, bei seinem Großvater zu sein, und erholte sich schnell von den Strapazen des Flugs.

Die Tage flossen dahin, im Rhythmus der Rufe des Muezzins, der die Gläubigen Moslems fünfmal am Tag zum Gebet Richtung Mekka rief, wie Balban seinem Enkel erklärte, der sich in Glaubensdingen über gar nichts mehr wunderte. Der Sultan war erstaunt, was Masanobu seinem Sohn so alles beigebracht hatte. Immer wieder sagte er: »Ein kluger Mann! Ein kluger Mann!« Aiji wollte vor allem alles über seine Mutter erfahren. Balban erzählte gerade zum fünften Mal, wie Simran einmal gegen einen indischen Prinzen im Wettlauf gewonnen hatte, da trat ein Diener an den Sultan heran und raunte ihm etwas zu.

»Aiji, heute Abend werden wir wunderbare Gäste haben! Den Prinzen Berthold aus Alemannia und den Kaufmann Aaron aus Damaskus!«

»Großvater, ich habe keine Ahnung, wo Alemannia und Damaskus liegen!«

»Wie könntest du auch, Aiji!« Balban schmunzelte. »Soweit ich weiß, befindet sich das Land Alemannia sehr weit entfernt im Westen von hier. Prinz Berthold ist Christ!«

»Aha!«, sagte Aiji.

»Und der andere, Aaron, ist Jude«, sagte sein Großvater.

»Jude?« Aiji dachte kurz nach. »Also, von Christen habe ich ja schon gehört. Aber was ist ein Jude?«

»O, Aiji, das muss er dir gleich selbst näher erklären. Viel weiß ich nicht über seine Religion. Ich weiß nur, dass er ein reicher Kaufmann in Damaskus ist, einer großen Stadt in Syrien. Und Syrien ist ein Land in Arabien. Es liegt zwar auch sehr weit westlich von hier, doch nicht so weit wie Alemannia.« Fröhlich klatschte Balban in die Hände und rief: »Führt Berthold und Aaron herein!«

Viele Weise und eine Weisheit

Prinz Berthold von Alemannia und Aaron, Kaufmann aus Damaskus, waren tatsächlich zwei äußerst gescheite Männer. Sie reisten im Dienst der Wissenschaft, wie sie es nannten.

Doch dann ergriff Prinz Berthold etwas zögernd das Wort: »O Sultan, wir sind als Wissenschaftler der Sternenkunde unterwegs. Aber wir müssen bekennen, dass wir noch im Dienst einer ganz anderen Aufgabe auf Reisen sind.«

»So?« Balban wurde etwas misstrauisch. »Im Dienst welcher Aufgabe denn?«

»Also«, übernahm Aaron das Wort, »wir sind beide in der 51. Generation Nachfahren von Männern, die man ›die drei Weisen aus dem Morgenland‹ nennt oder auch die ›heiligen drei Könige‹!«

»Bitte?« Der Sultan wurde streng und griff an seinen Säbelknauf: »Seid ihr hier, um mich zu stürzen?«

»Um Gottes Willen, nein!« Berthold war erschrocken. »Wir sind Männer des Friedens – und sie waren auch gar keine richtigen Könige, unsere Vorfahren!«

Balban entspannte sich wieder etwas. Aaron fuhr fort: »Wir sind mit einem Dritten hier bei dir am Hof verabredet. Er ist Muslim, so wie du.«

»Muslim wie ich? Aha! Und wann?«, fragte Balban.

»In der Mitte dieses Monats«, sagte Aaron, »und das ist in diesen Tagen.«

»Wer ist dieser Dritte?« Der Sultan war immer noch misstrauisch.

»Er kommt aus Afrika, also von sehr weit her. Und er ist ein Königssohn. Leider ist er blind und …«

Weiter konnte er nicht sprechen, weil Aiji, der sich die ganze Zeit beherrscht hatte, dazwischenfragte: »Prinz Bansu? Wartet ihr auf Prinz Bansu?«

»Ja!« Erstaunt blickten der Christ und der Jude den kleinen Japaner an. »Genau auf den! Woher kennst du ihn?«

Aiji erzählte nun so begeistert von diesem klugen Afrikaner, dass sein Großvater fast überzeugt war. Wenn sein Enkel so von jemandem sprach, konnten der und seine Freunde eigentlich nur gute Menschen sein. Aber einem Sultan, einem Herrscher, blieb immer ein Fünkchen Misstrauen. So sagte er: »Verzeiht! Aber warum genau trefft ihr euch eigentlich?«

Berthold ergriff das Wort: »Euer Misstrauen, großer Balban, ist der Grund, weshalb sich unsere Vorfahren trafen und wir uns auch jetzt immer wieder treffen.« Balbans Züge verhärteten sich wieder. Doch Berthold fuhr fort: »Nach unserer Zeitrechnung kam vor etwas mehr als 1275 Jahren in der Nähe der Stadt Betlehem in einem Stall ein kleiner Junge zur Welt. Sein Name war Jesus.«

Balban nickte: »Ein wichtiger Prophet des heiligen Islam!«

»Ein Jude!« fiel Aaron ein.

»Der Erlöser der Christen«, seufzte Berthold.

»Niemals! Jesus war kein Ungläubiger!«, donnerte Balban.

»Großvater, Berthold, Aaron, bitte! Ich verstehe euch nicht!« Aiji klang ein wenig verunsichert. »Warum streitet ihr? Ich habe auch schon von diesem Jesus gehört. Er wollte den Menschen Frieden bringen. Und er scheint selbst ein überaus friedvoller Mann gewesen zu sein. Ich glaube, die Mönche hätten gesagt: Er war ein Mann der nach ›der goldenen Regel‹ lebt.«

»Was ist die ›goldene Regel‹, mein Junge?«, fragte Balban.

»Die goldene Regel«, fuhr Aiji fort, »so sagen die Mönche, sind alle Gesetzte, Regeln und Gebote der Menschen und ihrer Religionen in einem Satz!«

»Und wie lautet der?«, wollte Prinz Berthold wissen.

»Ganz einfach!«, erwiderte Aiji: » Füge keinem anderen zu, was du nicht willst, das er dir tu!«

Die drei Erwachsenen schauten den Jungen verblüfft an.

»Nach allem, was mir mein Freund Marco von diesem Jesus erzählt hat, war er vielleicht sogar ein – Buddhist!«, schloss Aiji lächelnd.

Die beiden Wissenschaftler wurden nachdenklich und Sultan Balban streichelte seinem Enkel über den Kopf.

»Du hast Recht, vielleicht war er auch das. Hm … Ich weiß nicht, wie es euch geht, aber mir raucht der Kopf! Kommt, wir stärken uns erst einmal mit etwas zu trinken und zu essen. Dann kann man besser denken!«

Wahres Glück

Da trat wieder einer der Diener zu Balban und flüsterte ihm etwas ins Ohr. Aufmerksam und mit zusammengezogenen Brauen hörte er zu. Dann lächelte er über das ganze Gesicht. »Aiji!«, sagte er, »Prinz Bansu ist schon da! Wohl etwas früher als erwartet, Prinz Berthold und verehrter Aaron!«

»O, wie wunderbar!« Aiji sprang auf und wollte ihm schon entgegenlaufen.

»Moment, Aiji!« Balban war noch nicht fertig. »Prinz Bansu hat eine Überraschung mitgebracht! Bittet den Prinzen und seine Überraschung herein!«, sagte er dann zu seinen Dienern.

Die Flügeltüren taten sich auf und der stattliche Afrikaner betrat den Saal. Seine rechte Hand ruhte auf dem Arm von Marco Polo.

»Bansu! Marco!«, rief Aiji außer sich. Sein Großvater betrachtete lächelnd seinen Enkel, dem vor Freude die Tränen über die Wangen kullerten. Zunächst brachte keiner der drei ein Wort heraus. Doch in diesen Augenblick betraten Hei-Mi, Shunsho, Chi-Wan und der Narbige miteinander plappernd den Saal und den Kindern blieb für einen Moment das Herz stehen. Dann löste sich ihre Freude wie eine Explosion und sie jubelten und schrien, tanzten und umarmten sich. Alle Angst, die sie umeinander gehabt hatten, löste sich im Nu in Luft auf. Es dauerte lange, bis sie sich einigermaßen beruhigt hatten.

Irgendwann rief der Sultan auf Chinesisch: »Mann, habe ich einen Hunger!«

Da verkündete Aiji laut und stolz: »Darf ich euch meinen Opa vorstellen? Ghiyas ud din Balban, den Sultan von Delhi!«

»Mensch«, entfuhr es da Shunsho, »dann bist du ja ein Prinz!«

»Lieber nicht«, meinte Aiji lächelnd und hakte sich bei seinem besten Freund und Hei-Mi unter. Balban klatschte nun zweimal laut in die Hände. Dann öffneten sich die vier Türen des Thronsaals und Dienerinnen und Diener schleppten auf silbernen Platten Köstlichkeiten herein, die alles übertrafen, was Aiji je gesehen hatte. Dazu traten Musiker, Tänzerinnen und Spaßmacher auf.

Alle waren fröhlich – fast alle. Denn je weiter die Nacht ihre Schwingen ausbreitete, umso mehr wurde Aiji und seinem Großvater wieder schmerzlich bewusst, dass die Suche des kleinen Japaners noch nicht zu Ende war.

Aiji wurde still. Die anderen bemerkten es und verstummten ebenfalls. Allen war klar, dass ihr kleiner Samurai, wie sie ihn manchmal gerne für sich nannten, von seinem Vorhaben nicht abrücken würde.

Hei-Mi begann zu weinen und war kaum zu beruhigen, als Aiji mit fester Stimme verkündete: »Meine Freunde, ich habe das vorhin schon mit Großvater besprochen. Ich muss weiterziehen, so schwer mir das auch fällt. Und ich muss das alleine tun. Morgen früh werde ich also wieder zum Schlafplatz der Sonne aufbrechen!«

Und damit war das Fest vorbei.

Der Schlafplatz der Sonne

Nach einer schlaflosen Nacht traf sich die kleine Gesellschaft mit Aiji zum Frühstück in der Küche des Palastes, um einmal mehr Abschied zu nehmen. Balban regte sich zum hundertsten Mal über die Unsinnigkeit des Auftrages von Aiji auf. Hätte er gewusst, dass Masanobu mit seinem neuen Holzbein fast ohne

Hinken und ohne Krückstock laufen konnte, dann hätte er wahrscheinlich über den Auftrag von Go-Uda gelacht. Alle hätten gelacht. So aber waren er, Aiji und die anderen unendlich traurig.

Bis auf die drei »Weisen«. Die tuschelten schon die ganze Zeit miteinander. Wahrscheinlich waren sie wie schon am Abend zuvor mit Wissenschaftlichem beschäftigt.

Aiji schluchzte: »Es ist Frühling! Jetzt bin ich tatsächlich schon zwölf Monde unterwegs und habe immer noch nicht den Schlafplatz der Sonne gefunden.« Die Verzweiflung in seiner Stimme war für alle zu hören. Und da wurde ihnen klar, dass Aiji zwar ein tapferer kleiner Krieger war, aber eben auch noch ein kleiner Junge, der so gerne bei den Menschen sein wollte, die er liebte. »Wie lange muss ich denn noch suchen?«, fragte er. »Ich will nach Hause! Mit euch! Aber ich kann nicht, solange …!«

Da unterbracht Aaron ihn: »Aiji! Wir haben in der letzten Nacht lange nachgedacht und eben noch einmal darüber gesprochen. Dein Tenno ist ein Kind! Er weiß nicht, wann und warum die Blumen blühen. Genauso wenig weiß er, dass die Erde, auf der wir gehen, keine Scheibe ist, an deren einem Ende die Sonne ein Bett hat. Schon vor vielen Jahrhunderten hat ein seefahrendes Volk herausgefunden, dass die Erde eine riesige Kugel sein muss, die, o Wunder, im Universum schwebt und sich um die Sonne dreht – als wäre die Sonne ein Lagerfeuer, um das die Erde, der Mond und die Sterne tanzen. Deshalb geht die Sonne auch niemals schlafen, weil sie zu jeder Zeit einen Teil unserer wundervollen Welt bescheint – nur eben nicht immer denselben. In dem Teil der Welt, der dem Lagerfeuer gerade zugewandt ist, ist Tag. Auf der abgewandten Seite ist Nacht. So einfach ist das.«

Aiji riss die Augen auf. Doch dann schluchzte er noch lauter: »Aber dann kann ich ja nie mehr nach Hause!«

»Doch, tapferer Aiji! Das kannst du! Wir wissen, wie du deine Aufgabe lösen wirst«, sagte da Prinz Bansu lächelnd.

»Ja, und wie?« Aiji schniefte.

»Du hast doch noch den Beutel mit den Blumensamen aus dem Garten von Go-Uda«, meinte Prinz Berthold.

»Ja?« Aiji verstand nicht.

»Ganz einfach«, sagte Aaron: »Streue den Samen auf deiner Heimreise überall dort aus, wo er genügend Regen und Wind bekommt. Das Gleiche werden Prinz Bansu, Prinz Berthold und ich tun, wenn du uns etwas von den Blumensamen abgibst. So verwandeln wir die Welt in den Garten des Tenno. Und da die Sonne immer irgendwo auf die Erde scheint, wird sie im Garten des Tenno nie untergehen. Du brauchst ihren Schlafplatz nicht weiter zu suchen und darfst getrost nach Hause fahren.«

Aiji schaute ihn ungläubig an: »Ist das wirklich wahr?«

»Ja, tapferer Aiji! Schreibe die Lösung deiner Aufgabe auf eine kleine Schriftrolle! Binde sie Hui-Fui an den Fuß und schicke sie damit als Botin zurück auf die Insel deiner Väter in den Taubenschlag des Tenno. Dann weiß er, dass du deinen Auftrag erfüllt hast.«

Alle grinsten, nur Aiji nicht. Er weinte, denn er spürte, wie von seinen Jungenschultern eine Last wie ein Gebirge abfiel. Es waren Tränen der Erleichterung und der Freude. Er würde endlich nach Hause fahren.

Doch auch Shunsho schien sich nicht zu freuen. Hei-Mi knuffte ihn ihn die Seite. »Was ist los, freust du dich nicht?«

Shunsho blitzte verstohlen mit den Augen. »Freuen? Über was denn? Fast ein ganzes Jahr ist einfach so vorbeigegangen. Wir haben fast nichts Aufregendes erlebt, sitzen jetzt hier in einem fremden Land und trinken beim Sultan von Delhi, dem Opa von Aiji, eine Tasse Tee …«

Alle blickten ihn verständnislos an. Doch dann beendete er seinen Satz: »… und zwar auf seinen Geburtstag! Herzlichen Glückwunsch, Aiji!«

Ungläubig starrten sie auf Shunsho.

»Jetzt guckt nicht so wie eine Kuhherde, wenn's donnert. Aiji, du bist heute elf Jahre alt geworden! Noch einmal: Herzlichen Glückwunsch!«

Inmitten des begeisterten Stimmengewirrs, das jetzt losbrach, beugte sich Prinz Bansu zu Aiji herab und flüsterte: »Wisse, kleiner Samurai, den Schlafplatz der Sonne, den gibt es doch!« Dabei lächelte der schwarze Prinz und klopfte Aiji an die Brust: »Er ist dort! Da drin! In deinem Herzen!«

Martin, Christophorus & Co

Marlene Fritsch
**Von ängstlichen Drachen,
halben Mänteln und zahmen Wölfen**
Die schönsten Heiligenlegenden
neu erzählt
Illustriert von Elli Bruder
Format 16 x 24 cm
96 Seiten
Hardcover
ISBN 978-3-8436-0209-9

Die Legenden von Martin, Nikolaus, Barbara & Co sind nicht nur spannende Geschichten. Sie erzählen darüber hinaus von Menschen, die Kindern auch heute noch ein Vorbild sein können: Sie bewiesen unter schwierigen Umständen in ihrem Leben großen Mut und Stärke, sie haben sich in besonderer Weise um ihre Mitmenschen gesorgt und manchmal sogar ihr Leben für sie aufs Spiel gesetzt.

PATMOS www.patmos.de